AF358294

LA VIE DE MADAME DU BARRY

PAR

CLAUDE SAINT-ANDRÉ

ÉDITIONS JULES TALLANDIER

75, RUE DAREAU, PARIS (XIVe)

LA VIE
DE MADAME
DU BARRY

DU MÊME AUTEUR

LE RÉGENT, couronné par l'Académie française.

LOUIS XV INTIME, illustré.

LOUIS XV, essai, couronné par l'Académie française.

MADAME DU BARRY, d'après les documents authentiques, épuisé.

En préparation :

HENRIETTE D'ANGLETERRE ET LA COUR DE LOUIS XIV.

Cliché Braun

Madame DU BARRY
Par Mme VIGÉE-LE BRUN

M.D.B. I. Front.

LA VIE
DE MADAME
DU BARRY

PAR

CLAUDE SAINT-ANDRÉ

PRÉFACE DE PIERRE DE NOLHAC
DE L'ACADÉMIE FRANÇAISE

A PARIS

ÉDITIONS J. TALLANDIER

75, RUE DAREAU, 75

PRÉFACE

L'histoire de la cour de France au XVIIIe siècle est livrée depuis longtemps à des anecdotes qui la défigurent. Le cas de Mme Du Barry en est un exemple frappant.

Les Goncourt, dans un livre célèbre, puéril et faux ont amassé sur ce sujet tout ce qui se trouvait dans les libelles : « Les peuples, écrivent-ils, perdent la foi et l'illusion à entendre cet esprit de fille, allumé par le champagne, casser les vitres de l'Œil-de-Bœuf... Mme Du Barry fait le mal d'une courtisane qui fait son métier et obéit à ses instincts... Involontairement et par sa nature, elle déconsidère tout ce qui l'approche et tout ce qui la touche. Qu'elle pousse les doigts de Zamore dans la perruque du chancelier livré aux hannetons ou... qu'elle se fasse présenter en chemise ses mules au saut du lit par le nonce du pape, elle fait toujours ce rôle et cette œuvre de bafouer, d'amoindrir et de ravaler à son ton et à sa mesure les institutions, les traditions, les caractères... »

Ce sont là des anecdotes ridicules, des niaiseries de pamphlet. Elles ne gagnent qu'un intérêt litté-

raire à revêtir le style de flamme d'un Michelet. Pour les prendre au sérieux, il faut tout ignorer de la cour de France au XVIIIe siècle, il faut n'avoir aucune idée juste des hommes ni des temps, et se faire la proie naïve des libellistes et des rhéteurs.

La légende ordurière de Mme Du Barry est l'œuvre concertée des partisans du Parlement et de M. de Choiseul. Elle a été popularisée par des écrivains, de tout temps applaudis, qui se plaisent à conter des ignominies sous l'hypocrite excuse de venger la morale. On a accueilli leurs racontars avec un empressement malsain, sans se montrer exigeant sur la vraisemblance. Ce n'est pas au seul chapitre des mœurs que notre siècle nourrit ses manuels scolaires d'une indignation convenue ; la vérité nous est cachée par les amis des Choiseul sur une grande partie du règne de Louis XV. Ce sont gens d'esprit, de méchanceté élégante, et occupant toujours le devant de la scène ; ils ont tant écrit, et menti avec tant d'agrément, qu'on les croit aisément sur toutes choses. Qui de nous n'a donné, sans le vouloir, à ses jugements les couleurs de leur rancune et pris, pour parler de leurs adversaires, le ton dédaigneux de Chanteloup ?

Les vrais témoins de l'existence de Mme Du Barry sont ceux qui n'ont eu à servir contre elle aucun parti et qui ont simplement regardé vivre une de leurs contemporaines. Ces témoins-là, sans exception aucune, sont fort éloignés de la mépriser et ce n'est point seulement à la beauté incontestée de la femme qu'ils rendent hommage.

Sénac de Meilhan, qui a vu la fin de sa carrière,

*rend sur son caractère un verdict exempt de sévé-
rité : « Les plus importants événements qui avaient
eu lieu pendant sa faveur avaient passé devant ses
yeux comme les personnages de la lanterne magique.
Elle ne s'en était point mêlée et il ne lui en restait
qu'un confus souvenir. Lors de la Révolution, elle se
signala par son dévouement et une bonté singulière
pour ceux qui étaient menacés d'en être les victimes.
Enfin cette femme, que rien n'avait prémunie dans
sa jeunesse contre le vice et qui avait été entraînée
par la misère et les mauvais conseils, n'a jamais fait
de mal avec tout pouvoir de nuire. C'est une modéra-
tion remarquable dans sa position, et qui lui donne
des droits à l'indulgence des gens les plus sévères. »*

*Le comte d'Espinchal, qui l'a connue avant son
élévation et a été plus tard de ses familiers, dépeint
en peu de mots la châtelaine de Louveciennes : « Elle
est bonne, généreuse, d'une société douce, excellente
amie, très charitable et extrêmement obligeante.
Elle est, chez elle et dans le public, de la plus grande
décence, démentant à cet égard tous les mensonges
grossiers que la calomnie s'était plu à répandre sur
elle, lors de sa plus grande faveur. » Le marquis de
Bouillé ajoute quelques traits : « Son ton n'avait rien
de commun, encore moins de vulgaire ; sans avoir
un esprit brillant, elle n'en manquait point autant
qu'on s'est plu à le dire ; et sa bonté ainsi que sa
simplicité eussent pu porter, d'ailleurs, à y faire
moins d'attention. »*

*Le prince de Ligne, lié de tout temps avec la favo-
rite, excuse Louis XV de sa dernière faiblesse : « Je
l'ai vu tous les jours, chez Mme Du Barry, la der-*

nière année de sa vie. Il est inouï que ceux qui faisaient ce qu'il faisait le trouvassent mauvais, et les vils courtisans de Mme de Pompadour, petite bourgeoise enlevée à son mari, criaient à la corruption des mœurs pour une maîtresse de plus, qui avait un bien meilleur cœur que l'autre... »

Elle trouve grâce devant la malignité du prince de Talleyrand, qui la met fort au-dessus de Mme de Pompadour pour le ton et la parole. Celle-ci, dit-il, « différait en tous points de Mme Du Barry, qui, moins bien élevée, était parvenue à avoir un langage assez pur. Mme Du Barry avait les yeux moins grands, mais ils étaient plus spirituels ; son visage était bien fait et ses cheveux de la plus grande beauté ; elle aimait à parler, et elle avait attrapé l'art de conter assez gaiement. » Nulle trace donc, chez les contemporains sérieux, de cette prétendue grossièreté de langage dont on veut souiller cette jolie bouche. Quant aux manières, dès la première heure, elles sont parfaites : « Elle a beaucoup de beauté, surtout par le bas du visage », note à Versailles le duc de Croÿ, « un air très noble, aisé, doux, sans prétention, fort bien faite, et en tout l'air d'une bonne personne. » « Je fus étonné », dit M. de Belleval, « comment, pour n'y avoir point été élevée, elle avait pris le ton et les manières des femmes de la Cour. » Cet « air très noble » qui rehausse jusqu'à la fin une beauté irréprochable, c'est déjà ce qu'ont remarqué les inspecteurs de M. de Sartine, quand ils ont vu, pour la première fois, apparaître à l'Opéra la maîtresse de Jean Du Barry.

Elle est instruite ; elle a beaucoup lu. « Sa conver-

sation », selon d'Espinchal, « est intéressante et,
depuis sa retraite, la lecture a été, après la toilette,
sa principale occupation. » Il ajoute qu'elle a « peu
d'esprit » ; mais, s'il lui manque de l'esprit au sens
où l'entend le XVIIIe siècle, elle possède l'art de
conter l'anecdote et même de glisser, dans l'intimité
(car « elle sait son monde »), « ces propos légers
que l'on n'avait point l'habitude d'entendre à Versailles ». Sa causerie, que ses amis ont tant aimée,
est délicieuse. Dès la première rencontre, elle séduit :
« Ses yeux bleus bien ouverts, » raconte M. de Belleval, « avaient un regard caressant et franc, qui
s'attachait sur celui à qui elle parlait et semblait suivre
sur son visage l'effet de ses paroles. Elle avait le
nez mignon, une bouche très petite et une peau d'une
blancheur éclatante. Enfin, l'on était bientôt sous le
charme... »

La bonté, voilà le trait distinctif du caractère :
« Mme Du Barry », dit Belleval encore, « était bonne
et aimait à obliger, n'avait point de rancune et était
la première à rire de toutes les chansons qu'on faisait sur elle. » Tous les témoignages concordent,
sans parler des lettres de ses amis, qui ont eu pour
cette bonté un culte enthousiaste : « Vous êtes privilé-
giée de la nature », lui écrit l'un d'eux : « il en est
de votre beauté comme de votre bonté ; l'une et
l'autre ne finiront qu'avec vous. »

Il suffisait de l'entrevoir une fois pour deviner
cette qualité dominante, qu'aucune déception n'avait
pu aigrir. « En me rappelant son sourire si plein de
grâce et de bonté », dira Brissot qui lui parla un
jour dans l'antichambre de Voltaire, « je suis devenu

plus indulgent envers la favorite. » Et le conventionnel raconte une conversation qu'il eut avec Mirabeau, Laclos et Henriette de Nehra sur les maîtresses de Louis XV. La faiblesse et l'infamie du monarque furent flétries, comme il convenait, par ces âmes vertueuses : « Je témoignai en riant », ajoute Brissot, « quelque indulgence pour la Du Barry, aussi vile, mais cent fois moins odieuse à mes yeux que ses rivales, et qui n'eut de commun avec elles qu'une faveur dont elle n'abusa pas despotiquement et des mœurs qui ne me semblaient guère plus coupables. — Vous avez raison, dit Mirabeau ;... elle n'a pas lancé de lettres de cachet contre ceux qui médisaient de ses vertus. — Il faut la purifier, répliqua Laclos. » Et l'on reconnut que « le déshonneur de cette femme venait de sa naissance, de son éducation, de ceux qui l'ont prostituée ».

Laclos et Mirabeau ont ensemble publié le portrait d'Elmire, portrait physique et moral dont pas un trait n'est méchant pour elle, et qui institue tout un parallèle pour lui sacrifier Mme de Pompadour : « Elmire avait reçu de la nature un assortiment de beautés dans tous les genres, qui presque jamais ne se trouvent réunies... L'œil enchanté ne quittait l'expression de la physionomie que pour retrouver les mêmes avantages dans les formes si naturellement soutenues, dans une taille si agréablement dessinée, dans les bras si parfaitement arrondis, terminés par des mains voluptueuses... Elmire, faisant un pas immense et quittant son humble toit pour le palais des rois, ne s'y trouva pas déplacée... [Elle] ne s'enorgueillit point ; elle n'humilia même pas les per-

sonnes qu'elle pouvait perdre... Elmire, bien plus sage que celle dont elle occupa le poste, méprisa ces biographies scandaleuses, ces lettres supposées ou embellies qu'on répandait avec affectation. La malignité resta dupe d'elle-même, puisqu'Elmire ne conserva pas moins le cœur de son amant et les égards de ses amis... Elmire ne redoutera point le jugement de la postérité. »

Moralistes et grands seigneurs, gens de cour et révolutionnaires, sont tous d'accord pour tracer de Mme Du Barry un portrait sympathique.

Ce n'est cependant que de nos jours, depuis le beau livre de Claude Saint-André, que l'image conventionnelle de la courtisane a cédé la place à un véritable caractère de femme explicable par son temps et par son milieu. Quelque élégance qu'ait eue l'inconduite de la jeune femme, on doit la plaindre d'avoir été instruite par ce terrible maître en dépravation qu'était le « Roué ». Son entrée à Versailles fut un scandale ; cependant la règle des mœurs y parut moins froissée que celle des étiquettes. S'il y a des degrés dans le vice, certes Louis XV était descendu au plus bas ; quant à l'adultère, il n'était plus que d'un côté, la Reine étant morte, et, de l'autre part, le mariage contracté comptait si peu ! En cette histoire, qu'il faut traiter d'une main légère, gardons-nous d'absoudre ce qui doit être condamné, mais aussi d'oublier que, selon le mot de Mérimée, « les mêmes actions n'ont pas la même valeur dans tous les temps ».

Lorsqu'il s'agissait du Roi, les contemporains n'étaient pas sensibles autant que nous à certaines *violations éclatantes de la morale. Le parti dévot, qu'aveuglait sa haine contre Choiseul, acceptait alors une favorite, « puisqu'il en fallait une », pourvu qu'elle n'eût pas d'idées philosophiques. On a conté l'allégresse de quelques ecclésiastiques apprenant la présentation enfin obtenue de Mme Du Barry et se plaisant à y revoir le triomphe d'Esther sur le persécuteur des Hébreux. Au même temps, un pasteur des Cévennes écrivait à un de ses confrères : « M. de La Beaumelle a aujourd'hui pour protectrice la maîtresse du Roi ; il doit aller à Paris... et, s'il peut nous servir, nous autres pasteurs en particulier, il le fera très certainement. »*

Si les défenseurs attitrés des mœurs publiques se montraient aussi accommodants, comment s'étonner que le monde courtisan reprochât à Louis XV tout autre chose qu'une faiblesse nouvelle, propre seulement à attrister ses filles et à les inquiéter pour son salut ? Le Roi savait bien qu'on lui eût pardonné fort aisément une duchesse de Grammont ou telle autre grande dame. Il écrivait à son ministre : « On serait à ses pieds, si... », et sa réticence était significative. « Veut-on que je prenne une fille de condition ? » disait-il encore ; enfin, les plus sévères devaient reconnaître que sa mauvaise conduite de bon ton, accompagnée de toutes les grâces du siècle, était moins répugnante que la crapuleuse vie de tant de souverains d'alors.

Condamnons nos monarques puisqu'ils ont manqué de sagesse ; mais n'allons pas propager davantage cette image fausse d'une cour française dénuée de toute dignité, méprisant toute pudeur, alors que s'y découvrent, dès qu'on y regarde de près, tant de modèles d'honneur et de vertu, tant de nobles fidélités au devoir.

Il faut réhabiliter, dans la mesure qui convient, ce règne de Louis XV, dont on n'a voulu voir que les déchéances. La France d'alors réalisa de grandes choses, et point seulement dans les œuvres de l'esprit. Le Roi mit souvent au service de la nation un admirable personnel pour gérer les ministères, conduire les armées, administrer les provinces. Les abus qu'on impute au siècle sont de tous les temps ; on n'aurait aucune peine à les montrer dans le nôtre ; mais ce règne a si longtemps duré, que les gloires de Fontenoy s'oublièrent dans les misères qui suivirent, et que l'empreinte est restée plus forte au revers douloureux de la médaille.

Le souvenir de Mme Du Barry devra désormais peser moins lourdement sur l'époque. Si l'on peut reprocher encore à la dernière maîtresse bien des folles dépenses, songeons que les arts surtout en profitèrent ; elle fut un mécène remarquable. et des commandes distribuées par ses petites mains plus d'un chef-d'œuvre nous est resté.

En étudiant la vie de Mme Du Barry pendant la Révolution, Claude Saint-André a abordé un difficile problème, qu'aucun de ses prédécesseurs n'avait résolu. Les Goncourt, ne s'étant attachés qu'à la femme de plaisir, se sont égarés parmi les dossiers mal dépouillés des Archives, où ils n'ont pas su découvrir les pièces les plus sérieuses. Le consciencieux Vatel, qu'indigna leur légèreté, a rectifié bien *des inexactitudes, apporté bien des textes, en se trompant lui-même quelquefois. Son parti pris est visible d'innocenter Mme Du Barry de toutes les accusations qui la menèrent à l'échafaud. Je les crois, au contraire, tout à fait fondées.*

On peut d'abord établir que Mme Du Barry, intéressée aux questions politiques par sa liaison avec M. de Brissac, n'est pas restée inactive pendant les années tragiques où s'écroulait la monarchie. Dès le début de la Révolution, elle a mis sa fortune à la disposition de la famille royale. Une vente partielle de ses diamants, faite en Hollande à la fin de 1789, se rattache probablement à ce projet. Ses libéralités ne sembleront pas douteuses, lorsqu'on lira une lettre du comte d'Espinchal, qui confirme et précise le témoignage autorisé de Sénac de Meilhan. La comtesse, fâcheusement introduite jadis dans la noblesse de France et enrichie par le Roi, a su remplir avec une parfaite générosité, envers les descendants de Louis XV, des obligations que tant d'autres, à sa place, eussent négligées.

Bien plus, cette femme encore belle, toujours aimée, si heureuse dans son repos et dans son luxe, paraît les avoir sacrifiés à ce qu'elle a considéré comme un devoir ; pressée peu à peu par les événements qui faisaient appel à la bonté de son cœur, guidée par des partisans capables d'utiliser sa bonne volonté, elle aurait servi hardiment, de son argent et de sa personne, l'œuvre de la contre-révolution. Sur ce point, les dénonciations qui l'accablèrent et les attaques de son ennemi, le citoyen Greive, seraient suffisamment justifiées ; et le Tri-

bunal révolutionnaire, si aveuglément prodigue de sang innocent, aurait frappé en Mme Du Barry une véritable conspiratrice.

On ne connaît pas assez l'action cachée de ce Nathaniel Parker Forth, l'agent anglais mêlé à nos troubles révolutionnaires, mentionné par les brochures du temps et par les correspondances diplomatiques comme chargé de missions importantes. C'est lui qui se trouve, par une coïncidence singulière, prendre la direction de la vie de Mme Du Barry à partir du vol des diamants de Louveciennes. Ce vol, exécuté dans la nuit du 10 janvier 1791, et entouré de circonstances suspectes à l'entourage de la comtesse, parut plus tard à quelques-uns machiné par les soins de Forth lui-même. Les choses pourraient s'expliquer plus simplement ; mais l'événement servit de façon très opportune les desseins d'hommes qui avaient intérêt à munir une personne dévouée de prétextes plausibles pour sortir de France. Ils purent tirer, à ce point de vue, un excellent parti de l'affaire judiciaire qui se déroula à Londres, et l'on ne voit pas ce qui les eût empêchés de jouer un tel jeu, puisqu'il n'était périlleux que pour la comtesse.

Pour reconnaître ses bijoux, les réclamer et déposer dans un procès, qui fut rendu interminable et où il n'est pas vraisemblable que sa présence fût nécessaire à chaque instant, Mme Du Barry a fait quatre fois le voyage d'Angleterre, la dernière fois au moment le plus dangereux de la Révolution, alors que les décrets les plus graves étaient portés contre les émigrés. La nécessité de soutenir à l'étranger ses intérêts privés lui permettait de solliciter des passe-

*ports sans éveiller trop de soupçons ; elle en a pro-
filé pour rendre à ses amis des services de tout genre,
leur faire passer des correspondances et de l'argent.
On sait assez bien, par les témoignages produits
devant le jury révolutionnaire et par les renseignements qu'y ajoute son nouvel historien, comment elle
a vécu pendant ses séjours à Londres et quelles personnes elle y a vues. Elle a retrouvé d'anciennes
connaissances, ce qui était naturel : mais elle s'est
jetée toute entière dans les rangs de l'émigration mili-
tante et parmi cette aristocratie anglaise où lui fut
accordé un si surprenant accueil. Elle y a gardé,
pour le dire en passant, une tenue irréprochable,
qui ne fut point d'usage chez toutes les belles émigrées ; son salon a été l'un des plus recherchés par
ce monde si avide de plaisirs qu'il fallut de grands
coups, tels que la mort de Louis XVI, pour l'arracher
à ses illusions et à ses folies. Mme Du Barry, frappée
des premières par le meurtre du duc de Brissac,
paraît avoir jugé des choses avec plus de sérieux,
et le témoignage de Bouillé suffit à montrer en quels
sentiments cette royaliste fidèle a porté à Londres
le deuil de son roi.*

*Les facilités de voyage dont elle usa et la faveur
dont elle jouit dans la société anglaise lui ont-
elles permis d'être vraiment utile à la politique des
princes auxquels elle était si dévouée ? On l'igno-
rera sans doute toujours. Mais ses rapports avec les
membres du gouvernement anglais, les adversaires
les plus haïs des révolutionnaires de France, témoi-
gnent tout au moins d'une imprudence grave. La
comtesse ne s'apercevait pas qu'elle était suivie,*

épiée, et que des réunions, où les plaisirs mondains prenaient assurément la plus grande part, seraient contre elle, un jour, une charge accablante et mortelle.

Les relations de Mme Du Barry avec les émigrés, ces « intelligences » qui faisaient alors un crime puni par les lois, sont tellement évidentes qu'on s'étonne qu'elle ait pu bénéficier si longtemps d'une indulgence aussi complète. On comprend l'irritation de ces dénonciateurs féroces, tels que Greive et Blache, devinant que des appuis fidèles soutenaient la dame de Louveciennes dans l'administration même. La haine a rendu clairvoyants les bandits acharnés à sa perte. Ils ont fort bien su quelle place tenait, parmi les « repaires d'aristocrates » des bords de la Seine, le château où tant de richesses accumulées par « la courtisane des despotes » excitaient leur indignation. C'était peu qu'elle correspondît avec l'étranger, qu'elle gardât de l'argent caché, qu'elle conservât les emblèmes proscrits de la royauté et les publications contre-révolutionnaires ; elle accueillait encore chez elle de nombreux « suspects », dont plusieurs sont assez notoires. On « conspirait » chaque jour, au début de la Terreur, dans cet asile charmant, que tenait ouvert à tous les « ci-devants » cette femme si jolie encore et qu'on aurait pu croire uniquement occupée de plaire. Si l'on connaissait les démarches secrètes du duc de Rohan-Chabot, qui aima le dernier Mme Du Barry, on achèverait sans doute de justifier, sur le point essentiel du procès de frimaire an II, le réquisitoire de Fouquier-Tinville. On est sûr, en tout cas, que l'accusateur public a envoyé à la mort des centaines de femmes moins « coupables » que la citoyenne Du Barry.

Que de révélations les documents nouveaux nous ont apportées ! On ne s'étonnera plus de voir une intimité de « sœurs », ainsi qu'elles se l'écrivent l'une à l'autre, s'établir entre Mme Du Barry et la duchesse de Mortemart, fille de M. de Brissac. On comprendra que, pour servir cette amitié nouvelle née d'un souvenir sacré, la comtesse n'eût pas hésité à risquer son dernier retour en France, ainsi que les contemporains l'ont assuré. On recherchera vainement, dans les interrogatoires de son procès, cet affolement, ces aveux, ces noms révélés mal à propos, qui auraient conduit à l'échafaud, selon une légende courante, de nombreuses victimes. La princesse Lubomirska elle-même n'a pas été compromise par l'accusée : celle-ci ne l'a nommée que parce qu'un billet, saisi à Louveciennes, était signé en toutes lettres ; pouvait-elle supposer, d'ailleurs, que la plus innocente correspondance féminine coûterait la vie à cette malheureuse Polonaise ? Quant aux derniers moments de Mme Du Barry, le sacrifice d'elle-même qu'elle a fait à ses idées et à ses amis ne l'absout-elle pas d'une faiblesse devant la guillotine, défaillance nerveuse qu'on ne songe pas à reprocher à tant d'autres ?

Les Français et les Françaises qui ont traversé la Révolution ont eu l'occasion de se révéler tout entiers, et le fond de beaucoup d'âmes est apparu, qu'avait dissimulé « la douceur de vivre ». Mme Du Barry a montré alors des qualités qui sont inconciliables avec la figure ignoble qu'on nous présente d'elle en sa jeunesse.

Tel s'est dégagé le caractère de Mme Du Barry du premier ouvrage que Mme Claude Saint-André lui a consacré. Ce livre, appuyé d'une documentation abondante et nouvelle, plein de références et de pièces inédites, a reçu le suffrage de nos meilleurs maîtres. On comprend que des éditeurs aient voulu, sous une autre forme, en prolonger le succès. L'auteur l'a réduit à des proportions moindres, sans rien lui faire perdre de son charme et de son autorité. Qu'on ne s'y trompe pas, sous la grâce du style se cache la rigoureuse méthode de l'Histoire. Les travaux que Mme Claude Saint-André a publiés sur Louis XV ont modifié depuis, sur bien des points, ses jugements primitifs, et ont exigé des retouches dans les pages relatives au souverain. Le portrait de la favorite n'a pas eu à subir la même revision. Il est opportun de l'opposer encore, dans sa vérité psychologique, à cette légende persistante que les ouvrages de seconde main et les films germaniques habitués à dénigrer la France ne cessent de faire renaître.

Pierre de NOLHAC
de l'Académie française.

LA VIE

DE

MADAME DU BARRY

CHAPITRE PREMIER

LA PRÉSENTATION

C'est à Versailles, le soir après le « débotté », dans le cabinet du Roi ; Louis XV est entouré de tout son service. Au milieu du groupe des grands seigneurs, il se promène inquiet, gêné, comme étonné d'attendre. Une écharpe soutient son bras gauche récemment foulé dans une chute de cheval ; il est pâle et, malgré le léger embonpoint des années, par sa suprême élégance Sa Majesté se distingue parmi ses brillants courtisans.

Une rumeur monte lente et continue de la

foule massée sous les fenêtres du Château ; l'heure
avance ; le Premier gentilhomme de la Chambre,
Richelieu, se penche à chaque instant sur la nuit
de la cour de Marbre. Choiseul n'est pas là, mais ses
partisans rayonnent : la « présentation » de Mme Du
Barry n'aura sans doute pas lieu. Bientôt, cependant, à l'escalier d'honneur, s'arrête l'équipage à la
livrée de la comtesse portant sur le carrosse le double
écusson des femmes mariées. L'huissier ouvre les
portes, Richelieu triomphant annonce la favorite, et
voici qu'elle entre précédée de sa marraine, la comtesse de Béarn.

C'est un éblouissement ; le Roi tressaille et sous
ses lourdes paupières a lui un éclair de bonheur ;
l'excuse de son amour est dans cette grâce de femme
inclinée devant son désir de souverain ; et lorsqu'elle
se redresse, après les trois « révérences d'adieu »,
rejetant de son pied, avec une aisance accoutumée, la
longue traîne de sa robe, ses ennemis mêmes cèdent à
l'admiration et saluent cette puissance qu'est la beauté.

Et ce jour-là, pour ajouter encore à tant de séduc-
tions, elle avait choisi la plus merveilleuse des toilettes. Elle aimait à s'envelopper de la somptuosité
des tissus blancs qui rehaussait sa svelte silhouette
blonde ; sur le grand habit de la présentation était
jetée en nœuds, bouquets, guirlandes, la folle profusion de diamants que le Roi lui avait envoyés la
veille ; des diamants encore sur les souliers étroits,
à hauts talons, et dans la coiffure dont le savant écha-
faudage avait retardé l'heure de la cérémonie. Pour
obéir à l'étiquette du siècle, il avait fallu poudrer à
neige l'admirable chevelure aux tons d'or clair ; le

rouge avivait l'éclat du teint ; et sous cet apprêt de
commande paraissaient plus bleus, plus longs, plus
caressants, des yeux mi-clos en une coquetterie
câline ; et la bouche mutine se raillait, dans un sourire, des envieux et des méchants.

Elle laissa comme un sillage lumineux à travers
les salons et les escaliers encombrés « d'une affluence
de béyeux » ; mais dans sa hautaine sérénité d'être
entre toutes l'élue de Sa Majesté, elle rendit sa délicate visite, sans une maladresse, à Mesdames de
France et à Monseigneur le Dauphin. Celui-ci, stu-
péfait de ce cynisme si élégant qu'il fût, écrivit sur
son journal de chasse, ce qu'il ne faisait que pour les
événements les plus mémorables : « 22 avril 1769.
Présentation de Mme Du Barry. »

Alors que des courriers de cabinet partaient, cette
nuit même, vers toutes les cours d'Europe, annoncer la nouvelle de la présentation, la favorite s'endor-
mait, lasse de tant d'émotions, heureuse de son désir
de gloire enfin réalisé. Passa-t-il dans ses songes
l'image de l'enfant du peuple qu'elle naquit, et vit-
elle les étapes difficiles qu'elle avait dû parcourir pour
s'acheminer vers le palais des rois ? Et d'ailleurs eût-
elle voulu oublier sa très humble origine que les
libelles et les pamphlets du temps allaient se charger
de la lui rappeler. Dès cette heure de triomphe, ses
adversaires se servirent, contre elle, de l'arme de
combat qu'était la chanson au XVIIIe siècle ; et nul
personnage en vue ne fut autant qu'elle calomnié,
vilipendé, avec esprit ou grossièreté, en ces verts couplets qui couraient les rues, les salons de la capitale
et les antichambres de Versailles.

La vérité est qu'elle vit le jour dans la petite ville de Vaucouleurs, au diocèse de Toul. Son acte de baptême est ainsi rédigé :

Jeanne, fille naturelle d'Anne Bécu dite Quantigny, est née le dix-neuvième août mil sept cent quarante-trois, a été baptisée le même jour et a eu pour parrain Joseph Demange et pour marraine Jeanne Birabin, qui ont signé avec nous.

L. GAHON, vicaire de Vaucouleurs,
Joseph DEMANGE, Jeanne BIRABIN.

Une tradition du pays veut que le père de l'enfant ne fût autre qu'un moine du couvent des « Picpus », où Anne, la belle couturière, allait travailler. Il avait nom J.-B. Gomard de Vaubernier, et en religion portait celui de frère Ange. Longtemps, on appellera l'*Ange* la petite fille qui devait venir de lui. Elle sera plus tard Mlle Lange, puis Mlle de Vaubernier, et c'est le moine qui représentera sa famille lors de son mariage avec Guillaume Du Barry.

En attendant, sur l'humble berceau se penchait la fée des contes invraisemblables pour faire don à l'enfant de ce pouvoir magique, la beauté. Il est vrai que son grand-père, Fabien Bécu, fils de Jean, fut parmi les rôtisseurs de Paris le plus bel homme de son temps ; il avait séduit et épousé en premières noces une dame de Cantigny, comtesse de Montdidier. Cela explique le nom noble de *Cantini* porté par l'oncle de l'enfant, valet de pied de Léopold de Lorraine et de Stanislas Leczinski, et de même par sa tante, « la belle Hélène » ; et Anne, sa mère, était, elle aussi, charmante.

Celle-ci se décidait à quitter Vaucouleurs sur les conseils sans doute de M. Billard-Dumouceaux, payeur des rentes de l'Hôtel de Ville de Paris. Étant aussi munitionnaire général et appelé par ses affaires dans la ville de garnison, il n'avait pas été sans remarquer la bonne grâce de la jeune femme. Elle retrouva dans la capitale, et à Versailles, de nombreux parents, de braves gens, de qui la chronique n'aura à critiquer que la médiocre situation. Anne épousait à l'église Saint-Eustache, en 1749, Nicolas Rançon que Dumouceaux faisait nommer, par la ferme générale, garde-magasin « en l'île d'Écorce », comme écrivait le titulaire.

Le riche financier ainsi que sa maîtresse, la fameuse Francesca, protégèrent le jeune ménage. Jeanne, l'enfant jolie, pendant quelques années, fit la joie de Francesca et de Dumouceaux ; puis il fallut songer à son éducation, et sans doute le chanoine Bécu ou l'abbé du même nom, ses parents, peut-être même J.-B. Gomard, prêtre maintenant à Saint-Eustache, proposèrent-ils de la mettre dans un couvent. En sa vie agitée d'amoureuse, elle se souviendra toujours des douces années du cloître, de ce temps de prière quand elle était petite fille chez les Dames de Sainte-Aure, adoratrices du Sacré-Cœur. On lui mit un voile noir d'étamine, une bande de toile autour du front, et une guimpe sans dentelle ; la robe était de serge blanche ; les souliers « de peau jaune » complétaient l'uniforme des pensionnaires. Le règlement se trouvait des plus austères, et nul bruit du dehors ne troublait le silence du pieux abri. Bien que la vie de Sainte-Aure fût sévère et monotone, l'espiègle jeunesse n'y perdait pas ses droits, et Jeanne était déjà l'enfant rieuse qu'elle demeurera toujours.

Dans la chapelle, tous les matins, les jeunes filles entendaient la messe. Elles étaient sans fortune, et les bonnes sœurs les préparaient aux difficultés de la vie. Lorsqu'après huit ou neuf ans notre héroïne quittera sa retraite, son éducation est achevée ; elle connaît sa religion, rédige d'une écriture élégante des lettres très correctes et nullement dénuées d'orthographe, et elle possède plus que des principes de musique et de dessin. Nous ne savons de ces années d'études que les résultats d'une excellente méthode d'instruction dont tirera parti la future favorite, pour développer, orner, affiner un esprit souple par nature, délicatement tourné vers les choses des lettres et des arts.

Ainsi que Mme de Pompadour, qui avait été une brillante élève des Ursulines, la fille d'Anne montra, dès le couvent, cette douceur et ce charme qui prenaient les cœurs et, sans doute, exerça-t-elle d'aussi bonne heure l'ascendant de sa séduction. Mais les prières des religieuses qui l'aimaient ne purent la préserver des embûches dressées sur le chemin de sa beauté. Le plus souvent les circonstances la menèrent, et son cœur tendre et léger la fit obéissante à l'appel de l'amour et de la joie. Encore, dans ce tourbillon de fêtes, prit-elle un instant pour se recueillir ; et ses doigts, au moment des craintes et des tristesses, roulèrent les pierres précieuses des chapelets qu'on trouvera à Louveciennes avec le *Manuel du Chrétien.*

A seize ans, Jeanne est retournée dans sa famille ;
elle est jolie à ravir, avec ses cheveux blonds et son
« teint de neige ». Qu'allait-on faire de l'enfant délicate qu'intéressaient toutes les élégances, qui s'émer-
veillait au passage des grandes dames dans leurs
carrosses armoriés ? Simplement, on laissa les choses
venir d'elles-mêmes.

Jeanne entrait bientôt, comme demoiselle de compagnie, chez M^{mè} Delay de la Garde, veuve d'un
fermier général. La vieille dame recevait dans ses
salons le monde de la finance. La jeune fille au
caractère espiègle, au babillage charmant, eut bientôt
une cour de soupirants. Légère autant que coquette,
amoureuse de luxe et de plaisir dont sa longue
enfance avait été sevrée, elle ne fut pas arrêtée par
ses premiers scrupules.

On lui donne pour amants les deux MM. de la
Garde ; l'aîné, marié à une demoiselle Duval d'Epi-
noy, portait le nom de Saint-Vrain, d'un domaine
de sa femme qu'achètera un jour la favorite exilée ;
le cadet était l'époux d'Élisabeth de Ligniville, de
l'illustre maison lorraine, de qui les mœurs singulières la faisaient, à son veuvage, interdire comme
folle par sentence du Châtelet. A ses amours scandaleuses, on a mêlé le nom de Mlle Rançon, alors que
l'adolescente, faite pour d'autres tendresses, avait
déjà choisi parmi ses adorateurs.

Avec le caractère de la jeune fille la première
chute seule pouvait compter et, de toute façon, elle
la comprit inévitable. En l'orgueil de sa divine jeunesse, elle rêvait sans doute d'une merveilleuse destinée, et elle prit, hélas ! la route la plus courte qui

devait l'y conduire. Les quelques amants qui passèrent furent les échelons qui la haussèrent à sa gloire. Elle riait, ne s'attachait pas, et attendait pour se fixer celui qui, d'une fois, lui donnerait le luxe et l'affection qu'elle croyait mériter.

Mme de la Garde remarque la conduite de sa lectrice et se défait d'elle aussitôt. C'est en 1761 ; Jeanne a dix-huit ans et se soucie fort peu d'être à nouveau sous la tutelle d'une prude. Pour être libre, tout en gardant les apparences, pour porter, sans entendre d'observations, les robes à falbalas qui allongent en pointe sa fine taille, et afin de laisser tomber en boucles, sous son cabriolet noir, sa lourde chevelure, elle consent à devenir demoiselle de magasin chez Labille, « A la Toilette », rue Neuve-des-Petits-Champs. Dans la boutique luxueuse comme un salon, avec ses corbeilles de fleurs, ses vitrines enjolivées de rubans, elle va, d'une grâce souveraine, le long des comptoirs, et montre aux riches acheteurs le sourire de sa beauté. La clientèle n'est pas que féminine ; voici qu'entrent et sortent marquis à talon rouge, gros financiers, officiers des gardes françaises, et ces petits abbés qui aident l'apprentie rieuse à mesurer la blonde qu'ils viennent de choisir.

Que de billets doux passés et rendus ; que de rendez-vous acceptés ou seulement promis, parce qu'il fallait une occasion pour sortir, le maître étant sévère ! Mais souvent, en escapade, on se rendait vers cinq heures à la promenade du Palais-Royal, afin d'apercevoir et moquer la courtisane tapageuse, la grisette en tunique de linon, et la dame de qualité aux joues peintes comme les fleurs de sa robe. De là, vite au café Gaussin, et puis rentrer, inquiète déjà des réprimandes que ne ménageait pas le méfiant Labille.

Si seulement, au soir venu, Jeanne était libre, elle s'en irait souper dans une de ces *galanteries,* petites maisons à la mode. Elle jetterait sur ses épaules l'élégant mantelet de satin, un *vis-à-vis* la conduirait dans le faubourg ; on le lui a si souvent proposé. Mais, pour avoir un personnel rose et dispos, les marchands ont établi un dortoir dans leur demeure où repose tranquille tout ce petit monde ; et Fragonard, dans une de ses pochades éblouissantes, nous mène au coucher de ces demoiselles. C'est dans cette sépia vaporeuse, toute à effet de lumière, où les jolis corps demi-nus offrent la séduction de la vingtième année. Que d'insouciance, que de gaîté sur ces jeunes visages ! Jeanne est en chacune de ces enfants : c'est celle qui rêve étendue sur un des grands lits blancs ; ou cette autre qui s'applique à fouetter, avec un malicieux emportement, sa compagne amusée ; ou encore, au milieu du groupe, une des silhouettes délicates debout et sombres dans la clarté.

Le bel essaim des jeunes filles avait tout le dimanche pour courir aux plaisirs. Jeanne partait voir sa mère qui l'aimait comme on aime son unique enfant. La demoiselle de magasin mettait, ce jour-là de printemps, sa robe de droguet ivoire à l'ample polonaise bleue ; elle croisait sur sa poitrine découverte le fichu de gaze blanche, et, tout en haut de sa coiffure, le petit chapeau fleuri avançait sur ses jolis yeux.

Elle savait bien qui l'attendait et où elle devait se rendre ; sa mère s'en souciait peu. Ils allaient à la foire Saint-Germain et aussi à la fête de Saint-Cloud, cette fête que nous montrent les peintures du temps, sous les grands arbres du parc, avec ses marbres et ses eaux jaillissantes. Ils écoutaient les boniments de Colombine, ou s'asseyaient parmi les claires jeunes femmes devant les tréteaux des bateleurs. C'était ensuite « trois petits tours » aux marionnettes ; et tandis que les dames de qualité passaient dans leurs carrosses, ils tiraient aux macarons, faisaient tourner les manivelles, riaient aux pierrots poudrés. La collation se prenait au bord de la fontaine sous le vert mourant des futaies ; parfois, avec de gais convives, ils dînaient dans un pavillon isolé ; puis toute la nuit l'enfant rêvait de chambre luxueuse dans le lit blanc du dortoir assoupi.

Cette vie fut longtemps la même ; longtemps Jeanne ne changea que d'ami ; elle avait l'inconstance des grisettes, l'insouciance et le sens pratique à la fois des belles filles qui, sachant ce qu'elles valent, savent attendre pour s'engager. Que d'hommages intéressés cependant lui attirèrent son exquise beauté, sa gentillesse de cœur, son espièglerie malicieuse, et son esprit de sagesse et de légèreté !

Dans le grand magasin où chantaient les couleurs des tulles et des soies, où les dentelles déployaient leur merveille, Jeanne subissait l'influence des jolies choses. Près d'elle vivait Adélaïde, la fille du marchand de modes, célèbre plus tard parmi nos peintres sous le nom de Mme Labille-Guiard. Les deux jeunes filles, pour se rapprocher, avaient en commun leur grâce blonde et un goût prononcé pour les arts. Déjà, Mlle Labille, enfant précoce, courait les ateliers, usant d'une liberté qui n'empêchera point la conduite réservée de sa vie.

Jeanne travailla-t-elle avec Adélaïde ? La future académicienne, qui de très bonne heure forma des élèves, dut remarquer, parmi les employées de son père, la mieux douée d'entre elles ; d'autant plus que la pensionnaire de Sainte-Aure avait appris le dessin. Ce petit talent, mais surtout sa beauté, la désignèrent de même au groupe d'artistes qui fréquentait Labille, et c'est alors que le vieux La Tour fit d'elle cette fraîche esquisse, ce masque aux longs yeux bleus. Ces impressions de jeunesse, fortifiées par les connaissances acquises plus tard auprès de Jean Du Barry, amateur entendu et grand collectionneur, expliqueraient assez bien la protection intelligente que la favorite accordera aux arts, et ce discernement qui lui fera choisir pour ses galeries les œuvres les plus parfaites. Lorsque Jeanne sera en faveur, les chansons, les caricatures rappelleront assez son passage chez le marchand de modes pour en faire le thème des calomnies les plus audacieuses. Et ses ennemis iront ainsi à l'encontre de leur intérêt même, car devant l'absurde exagération, le mensonge flagrant, le Roi ne voudra connaître de sa favorite que la douceur et la beauté.

Le duc de Choiseul, dans ses mémoires, et les pamphlétaires à gages ont traité la jeune femme de « vile courtisane », et c'est même la prostitution de la rue qu'on a voulu infliger à la maîtresse royale.

Mais, dès le xviiie siècle, on s'était assuré que les allégations du ministre et des libellistes ne soutenaient pas l'examen. Et vraiment, quel peu de goût eussent montré les contemporains de la jeune fille qui l'auraient laissée tomber si bas. On voit mal l'enfant blonde, joliment précieuse dans ses linons enrubannés, jetée dans le chariot qui mène à la Salpêtrière les malheureuses huées par les harengères.

Au reste, le comte d'Espinchal, l'homme de son temps le plus au courant de toutes les chroniques, a noté exactement les débuts de la carrière amoureuse de Jeanne. A cette époque, on l'appelait Mlle Lange; elle avait dix-huit ans, « elle était si jolie et si agréable, dit-il, que plusieurs peintres la recherchaient pour servir de modèle ». Ces détails, sans doute, n'ont rien à voir avec la vertu ; mais encore ne laissent-ils pas de place aux fantaisies scandaleuses. M. d'Espinchal, si indiscret dans ses souvenirs, n'eût pas manqué d'y faire allusion.

Vers sa vingtième année, Jeanne quittait la boutique de Labille pour suivre en sa maison de la rue Neuve-Saint-Eustache, puis rue de la Jussienne, le comte Du Barry depuis connu sous le nom de *Roué*. Ce Du Barry, gentilhomme du Languedoc, séduisant, beau parleur, sans scrupule, aimait les femmes, le jeu, la table, et, par-dessus tout, l'intrigue. Une lettre qu'il écrira à son parent M. de Malesherbes, vers 1775, après la chute de la favorite, nous le montre sous son vrai jour, souple, intelligent, habilement ingénu :

*A Monsieur de Malesherbes, ministre secrétaire d'État,
de la Maison du Roi.*

Monsieur,

... Je vais en peu de mots vous exposer la vérité toute nue ; le destin de mes jours dépend de l'impression qu'elle fera sur vous.

Je suis né gentilhomme et avec une fortune honnête. J'ai habité Toulouse jusqu'à l'âge de vingt-huit ans. A cet âge, l'amour des Arts et l'attrait du plaisir m'attirèrent à Paris. Mme de Malause me fit présenter chez les princes et me répandit dans la bonne compagnie. J'y passai plusieurs années uniquement occupé de ces deux objets. Le désir d'améliorer ma fortune et de me procurer un état m'inspirèrent ensuite celui d'entrer dans les affaires étrangères. M. Rouillé, à qui je fus recommandé par le duc de Duras, m'envoya à voyager dans diverses cours d'Allemagne, et à mon retour parut fort satisfait des connaissances que j'y avais acquises. Au moment de m'employer dans les cercles de Franconie, il fut remplacé par M. le cardinal de Bernis, qui me promit beaucoup, mais qui, remplacé à son tour par M. de Choiseul, ne réalisa rien. Ce dernier, m'ayant déclaré à son avènement au ministère qu'il avait plusieurs personnes à placer avant moi, et ma fortune se trouvant fort altérée, M. Berryer chercha à la relever en permettant que, sous un autre nom, je jouisse de l'intérêt que pourraient donner plusieurs fournitures de la marine. D'autre part, M. de Belle-Isle trouva bon que je cherchasse le même avantage dans celle de son département ; ce qui fit qu'à la paix ma fortune se trouva considérable et qu'elle se soutint et s'augmenta encore depuis par l'intérêt que j'eus dans les vivres de Corse.

N'ayant d'autre soin alors que celui de veiller à l'éducation de mon fils, page du Roi, jouissant d'une santé chancelante, je me renfermai dans un cercle fort étroit de connaissances. Et ce fut alors que je priai Mme Rançon et sa fille, Mlle de Vaubernier, de veiller sur la tenue de ma maison et d'en faire les honneurs ; ce qu'elles firent pendant plusieurs années, avec affection et intelligence...

Tout ce qu'écrit Jean Du Barry, en cet exposé de sa vie, a bien un fond de vérité, mais dans les grandes lignes et sans les détails qui y auraient ajouté. Il fut, en effet, présenté aux princes par Mme de Malause issue d'une branche bâtarde des Bourbons. Les Malause, marquis de La Caze, étaient parents de la mère du Roué qui portait ce nom. La bonne naissance du personnage n'est donc point douteuse ; sa famille est fort ancienne ; on voit, dans les preuves de l'*Histoire du Languedoc,* à l'an 1400, le sire Jean Du Barry, chevalier, prêter foi et hommage, pour sa terre de Gourville, à son seigneur le roi de France ; et plusieurs femmes de cette maison figurent, comme abbesses, au *Gallia Christiana*. Le père du Roué, Antoine Du Barry, ainsi que l'indiquent ses états de service au ministère de la Guerre, fut capitaine au régiment de l'Ile-de-France, et il gagna sur les champs de bataille la croix de Saint-Louis. De ses trois fils, le dernier, Elie, entrait à l'École Militaire en 1754, et pour cela avait dû justifier de sa noblesse pendant quatre générations, au moins du côté paternel.

Les Du Barry se disaient descendants des Barrymore, implantés en Angleterre lors de la conquête normande, et d'Hozier soutenait leur prétention. De fait, les armes étaient les mêmes, mais la branche de France ne portait ni couronne, ni loups, ni cri. Cependant Jean et Guillaume, son frère, prenaient le titre de comte et rétablissaient leur écu : d'argent à trois barres jumelles de gueules ; pour cimier : une couronne surmontée d'un château d'argent, et issant d'icelle une tête de loup de sable ; pour supports : deux loups de sable colletés d'une couronne ducale et enchaînés d'or ; avec le cri de guerre : *Boutez en avant* ! Il y a loin de cette superbe à l'obscurité du fils d'un garde-vigne, ainsi que fait de Jean Du Barry certain libelliste. Mais c'est la conduite du gentilhomme qui paraît peu digne de son nom, tandis que là-bas, à Lévignac, sa femme, Catherine-Ursule Dalmas de Vernongrèse, hautaine et résignée, demeure enfermée dans sa retraite.

Le refus brutal de Choiseul, qui éloignait le comte Jean des Affaires étrangères, le fit se tourner vers les ministères de la Marine et de la Guerre ; bien lui en prit ; il réalisa, dans les fournitures de la flotte et de l'armée, une de ces fortunes dont on n'était plus à mesurer le scandale. C'est par les « vivres de Corse », où il était intéressé, que le comte connut Rançon et sa famille. Il le faisait bientôt envoyer à Fresnay, dans le Maine, en qualité de receveur des gabelles, et prenait chez lui Jeanne et sa mère. Elles devaient « veiller à la tenue et faire les honneurs de sa maison ». Au reste, sérieusement épris de sa nouvelle maîtresse, il l'entourait des plus tendres soins. Elle portait alors un nom défigurant à peine celui de son père présumé, Vaubernier. Un soir, Jeanne parut au bal de l'Opéra « non masquée et entièrement vêtue de blanc », et M. d'Espinchal nous dit : « Je n'ai rien vu en ma vie de plus agréable que cette céleste personne : c'était Hébé, c'était une

Grâce. Le portrait que Voltaire nous fait d'Agnès Sorel lui eût parfaitement convenu :

> Jamais l'Amour ne forma rien de tel ;
> Elle avait tout ; elle aurait dans ses chaînes
> Mis les héros, les sages.et les rois... »

C'est, d'ailleurs, ce qu'elle va s'empresser de faire pour que le philosophe de Ferney la juge, alors, « seule digne des dieux ».

Rue de la Jussienne, Jeanne tenait maison ouverte, avait un nombreux domestique, s'occupait surtout de plaire, Du Barry lui ménageant d'agréables relations. Le nom et la fortune du gentilhomme lui permettaient de fréquenter les gens de Cour ; cependant, il préférait les hommes de lettres brillant d'esprit, sans doute, mais si mêlés. Son ami Favier l'avait présenté, ainsi que sa compagne, à Mlle Legrand, le bas-bleu de l'époque, spirituelle, mordante, que Du Mouriez, dans ses *Mémoires,* compare à Ninon de L'Enclos. On rencontrait chez elle Crébillon le fils, Collé, le comte de Guibert, et la licence était de mise dans ce monde joyeux, intelligent. Crébillon, avec un air de réserve inattendue, tenait tête à Collé, le plus libre, le plus étincelant des causeurs, et c'était un assaut de bons mots, de répliques, de ripostes railleuses, dont le respect pour toute chose était plutôt absent. Dans son hôtel, le Roué réunissait pour sa maîtresse « un petit collège académique, l'abbé Arnaud, Marin, Turpin, La Morlière et quelques autres beaux esprits, qui la tenaient au courant de la moyenne littérature et qui lui apprenaient à

Cliché Arch. Phot. Paris

Portrait de la comtesse DU BARRY

Miniature de LAVREINCE

fronder la philosophie ». On voyait aussi, chez Du Barry, les poètes Robbé et Cailhava, et le vieux Moncrif. En ce milieu, où se révélait sous un aspect attrayant le libertinage du siècle, au contact de ces « intellectuels » moins pervers peut-être qu'impertinents, Jeanne s'affinait, ajoutait à son bon sens naturel toutes les élégances du scepticisme, toutes les grâces de l'esprit.

Mais la souplesse de la jeune femme trouve à s'initier aux véritables belles manières auprès des gens de qualité que reçoit le comte Jean, et qui sont nombreux ; il y a même de très grands seigneurs, comme les ducs de Duras et de Richelieu, attirés chez le gentilhomme toulousain moins par sa belle galerie de tableaux que par des facilités de plaisir. Ils y entendent Robbé réciter ses contes ; ils y voient représenter les « proverbes », dont la mode commence à se répandre, et que joue à merveille le plus amusant des acteurs mondains, Goy, qu'on appelle « milord Goy », pour sa façon de contrefaire les Anglais. Aux brillants soupers que préside sa maîtresse, le comte Jean a réuni, « avec des gens de lettres de bonne humeur », le marquis d'Arcambal, commandant en Corse ; le comte de Thiard, premier gentilhomme du duc d'Orléans ; son frère, le comte de Bissy, l'un et l'autre lieutenants généraux et le second académicien ; le marquis Philippe de la Tour-du-Pin et son frère, le comte Louis, chambellan du duc d'Orléans. C'est toute une société de haute élégance qui cultive chez Jeanne les qualités de sa distinction native.

Elle rencontrait une compagnie tout aussi choisie

chez la comtesse La Rena, qui demeurait à l'hôtel du Pérou, rue Jacob, et avec qui elle ne tardait pas à se lier. Depuis sept ans, la belle Italienne appartenait à William Douglas, troisième comte de March. Ce gentleman accompli était à Londres le roi de la mode, et sa fière mine n'avait d'égale que celle de Richelieu, le maréchal, qui gardait toujours l'air grand seigneur, « même lorsqu'il l'affectait le plus. » Lord March, qui devint duc de Queensberry, devait plus tard présenter au roi d'Angleterre l'ancienne favorite de Louis XV. En ce moment, il était tout entier à sa « genteel passion ». La brune étrangère venait souvent à Paris, et sa liaison avec Mlle de Vaubernier nous montre dans quel milieu léger, mais de bon ton, celle-ci prit l'habitude de vivre. Jeanne, à son tour, recevait son amie ; et Mme La Rena écrivait, en décembre 1766, à Lord William resté à Londres : « M. Du Barry est un homme charmant, il nous donne des bals avec des princesses. »

Ce n'est point avec Douglas, ni avec le duc de Duras, occupé de la Montansier, que la jeune femme s'amuse à tromper Du Barry. Mais, par ailleurs, elle n'a que l'embarras du choix. Le comte Jean n'était point jaloux, et pour les rapprocher était son fils, le vicomte Adolphe, page de la Chambre, et à seize ans officier aux Gardes. L'enfant doux et maladif préférait assurément à ce père singulier celle qui l'entourait de soins. L'adolescent, par sa jolie nature, s'était acquis à la Cour tant d'amitiés que l'on peut deviner de quelle tendresse Jeanne, si affectueuse, dut envelopper le jeune lieutenant du Roi. De cette pure histoire, tristement achevée, les libellistes n'ont rien dit, sinon l'auteur du *Gazetier cuirassé* en une page d'obscénités.

Comme en témoigne M. d'Espinchal, Jeanne a déjà pris ce nom de comtesse Du Barry, qu'elle portera légitimement à Versailles, lorsqu'elle aura épousé Guillaume, frère de Jean. Mais, tandis qu'elle éloignera sa famille, un seul parent, Adolphe, restera auprès d'elle ; il sera de toutes les fêtes royales, elle le fera nommer premier écuyer de Sa Majesté, et le dotera à son mariage avec Mlle de Tournon. Tel est son entourage avant d'entrer à la Cour. Le milieu semble fait pour l'affiner jusqu'à l'extrême, et le Roué dit en riant : « C'est un morceau de Roi. »

Le duc de Choiseul donna, lui-même, à la jeune femme l'occasion de sa fortune. Le comte Jean ayant cédé à Mme Rançon et à sa fille l'intérêt qu'il avait dans les vivres de Corse, elles en jouirent quelque temps : « les nouvelles dispositions de M. de Choiseul venant à les en priver, elles en sollicitèrent la maintenue auprès de lui ; et ce fut dans les divers voyages qu'il les engagea à faire à Versailles que Mlle de Vaubernier fixa les regards de Louis XV. »

On sait que l'accès du Palais était facile aux visiteurs. Il suffisait d'être décemment vêtu pour circuler dans les appartements et « voir manger » en public Sa Majesté et la famille royale. Jeanne, au sortir de la Surintendance, où elle eut affaire à Foulon, alla au Château et se trouva, tout exprès sans doute, sur le passage du souverain. Il ne fut pas sans remarquer l'éblouissante apparition. « M. Lebel », écrira Du Barry à Malesherbes, « fut chargé de ses ordres ; et ce dernier, avec lequel ni elle, ni moi n'avions de liaison, en poursuivit l'exécution auprès d'elle seule. » Et c'est au printemps de 1768 que Jeanne fut introduite chez le Roi par le premier valet de chambre.

Cette version des origines de la liaison royale concorde assez bien, dans l'ensemble, avec le récit que M. de Choiseul en a fait dans ses mémoires. Le duc excuse lui-même ces pages envenimées, en avouant écrire « dans la première chaleur de l'événement » l'anecdote de son exil. Si les auteurs de sa disgrâce sont, d'après lui, des monstres de perversion et de bassesse, l'on comprend que la favorite soit, elle surtout, malmenée.

La présence de Jeanne auprès de Louis XV resta d'abord inaperçue : elle passa, discrète, à cause de la mort de Marie Leczinska, survenue à Versailles le 24 juin. Jeanne ne devait s'unir à Guillaume Du Barry que le 1ᵉʳ septembre ; mais le contrat civil avait été dressé précédemment, le 23 juillet, chez Mᵉ Garnier-Deschênes, notaire à Paris. C'est le comte Jean qui, afin de donner à la dame une situation et un titre, imagina ce mariage. Guillaume, obscur capitaine de province, fut enchanté de l'aubaine et accourut aussitôt auprès de son aîné. Le père, Antoine Du Barry, étant mort, on obtenait la procuration de sa veuve, Dame Catherine de Lacaze, qui donnait son consentement pourvu que la bénédiction nuptiale eût lieu suivant les rites canoniques.

Mᵐᵉ Du Barry, établie à la Cour, saura éloigner son fâcheux beau-frère ; habile à son tour, elle l'écartera élégamment d'une route où ses qualités personnelles vont maintenant consolider sa haute fortune.

En attendant, c'est lui qui veille aux derniers préparatifs ; il renvoie en Languedoc, aussitôt après la cérémonie, le mari honoraire ; il paye les toilettes et les bijoux, ordonne la livrée, commande les carrosses et la très belle chaise à porteurs, y fait peindre, accolé aux armes des Du Barry, l'écusson des Gomard de Vaubernier : D'azur au chevron d'or, portant en cime un geai surmonté de la lettre G et de deux roses en pointe, d'une main dextre en pal, aussi d'argent.

Ainsi munie, et digne de faire honneur à sa nouvelle famille, la jeune comtesse part pour Fontainebleau où vient d'arriver la Cour. A Compiègne, le Roi la tenait dans une maison particulière ; il la garde, cette fois, près de lui au château ; et M. de Mercy, ambassadeur d'Empire, étonné de la tournure sérieuse que semble prendre l'aventure, croit devoir en rendre compte à son cabinet : « La Dame, écrit-il, est logée dans la cour dite des Fontaines, à côté de l'appartement qu'occupait Mme de Pompadour ; elle a un nombre de domestiques ; ses livrées sont brillantes et, les jours de fête et de dimanche, on la voit, à la messe du Roi, dans une des chapelles du rez-de-chaussée qui lui est réservée. »

CHAPITRE II

LES DÉBUTS A LA COUR

L E Roi, qui a donné un appartement à la favo_
rite au palais de Fontainebleau, ne peut moins
faire que de la loger de même à Versailles. Dès le
retour de la Cour, en décembre 1768, elle occupe
provisoirement au Château, dans l'aile de la Chapelle, les six pièces laissées libres par la mort de Lebel
survenue au mois d'août dernier. Elle a loué, pour ses
gens et ses équipages, un hôtel rue de l'Orangerie ;
son train de maison est important et elle se plaît à
recevoir. Si Jean du Barry a disparu, les anciens
amis fréquentent la jeune femme, surtout des écrivains et des hommes d'esprit. Le prince de Ligne
s'y rencontre avec Robbé, qui a brûlé ses vers liber-
tins et ne se permet plus que de les réciter par cœur.
« J'ai soupé souvent avec lui chez Mme Du Barry »,
écrit le prince, « avant la présentation de celle-ci ;
elle s'amusait beaucoup de voir la folie qu'il avait de
se croire le plus petit pied de France ».

Avec les premiers hommages les attaques commençaient, partant de haut lieu. Certains pamphlets,
autorisés par le lieutenant de police, se montraient
d'une audace inouïe. En janvier 1769, paraissait « à
Amatonthe » le *Brevet d'apprentissage d'une jeune
fille de modes,* petit poème envenimé, où la tante de
l'héroïne portait le nom de *La Babille,* rappelant

assez celui de Labille. Au même moment, on imprimait un pitoyable roman, l'histoire d'une paysanne pervertie écrite par elle-même, intitulé *Vie de la Bourbonnoise,* et les auteurs y inséraient les premières anecdotes apocryphes contre la favorite, qu'on allait répéter à l'envi. Le succès de l'ouvrage, où le titre était déjà une allusion directe, fut grand ; mais les chansons seulement pouvaient répandre la malveillante légende dans le public, et les premiers couplets de la *Bourbonnoise* ne tardèrent pas à circuler :

> La Bourbonnoise
> Arrivant à Paris
> A gagné des louis.
> La Bourbonnoise
> A gagné des louis
> Chez un marquis.
>
> De paysanne,
> Elle est Dame à présent ;
> Mais grosse Dame,
> Porte des falbalas
> Du haut en bas.
>
> Elle est allée
> Se faire voir en Cour ;
> Elle est allée...

La chanson est franchement obscène, ignoble même ; et lorsqu'on pense que de très grandes dames ont composé les plus « naïfs » de ces couplets, on juge du déchaînement de passion qu'a dû soulever à Versailles la présence de la nouvelle maîtresse.

Mme Du Barry avait le bon goût de feindre qu'elle souriait de toutes ces infamies ; mais Louis XV

souffrait dans son orgueil ; et puisqu'on attaquait
sans pudeur ni mesure celle qu'il avait choisie, par
défi autant que par galanterie, il s'attachait davantage à la jeune femme. Il pensait la présenter au plus
vite pour l'avoir dans ses carrosses, et toujours près
de lui aux fêtes et aux voyages de la Cour.

Mesdames de France, les filles du Roi, avaient, on
le pense bien, toutes sortes de préventions contre la
favorite. L'une d'elles, Madame Adélaïde, ayant
d'abord déclaré qu'il « valait mieux la supporter que
de s'exposer à avoir une reine », changea bientôt
d'avis.

Mercy, l'ambassadeur d'Autriche, insinuait que
l'archiduchesse Elisabeth ne demandait qu'à épouser le Roi. Déjà, à la mort de Marie Leczinska, l'on
avait parlé de cette union ; mais M. de Choiseul, et
surtout la duchesse de Grammont, sa sœur, avaient
aussi redouté l'arrivée d'une princesse « judicieuse,
aimable, qui parviendrait à se faire aimer de son
époux » et à prendre de l'influence à leurs dépens.

Sa Majesté annonce, dans son cabinet, que la
présentation de Mme Du Barry aura lieu le 25 janvier. Il promet de payer les dettes de la veuve du
comte de Béarn, qui sera la marraine. Richelieu
vient de prendre ses fonctions de Premier gentilhomme en année ; il commande aux tailleurs l'habit
de Cour ; Marigny, directeur général des Bâtiments,
donne des ordres pour remettre à neuf, dans les
maisons royales de Marly, Choisy et Bellevue, les
appartements de Mme de Pompadour. Mais on fait
si grise mine à la comtesse de Béarn qu'une entorse,

Cliché Alinari

Une chasse sous Louis X V

Tapisserie d'après OUDRY

survenue tout exprès le 25 janvier, l'étend sur sa chaise longue.

La favorite n'a pas encore de crainte ; elle a confiance dans l'affection du Roi. Cependant, un accident survenu au souverain allait sérieusement l'inquiéter. Le 4 février, chassant dans la forêt de Saint-Germain, il tombait de cheval et se contusionnait le bras si fortement que tout d'abord on le crut cassé. Le blessé, porté sur un brancard jusqu'à son carrosse, ne rentrait à Versailles que vers huit heures du soir. On juge de l'agitation de la Cour, de l'anxiété des Enfants de France, de l'émoi de Mme Du Barry. Le premier médecin, Sénac, après avoir saigné le malade, cria des fenêtres à la foule rassemblée qu'il n'y avait pas de danger. Et le bon peuple répondit par : « Vive le Roi ! »

Le lendemain, le monarque assistait au Conseil ; le 8 février, il recevait les cendres de la main de l'archevêque de Reims ; mais, trois jours après, l'ecchymose s'étendait et l'obligeait à garder la chambre. La favorite ne le voyait plus ; Richelieu n'osait l'introduire, car les princesses, qu'accompagnaient souvent les *petites Mesdames*, Clotilde et Élisabeth, ne quittaient pas le chevet du Roi. Dans cette intimité familiale, de nouveau elles s'emparaient de l'esprit de leur père, et la question du mariage revenait. Mais dès qu'il entrait en convalescence, il faisait appeler Mme Du Barry.

Toutes les correspondances du temps mentionnent ces alternatives. On peut les suivre dans les lettres, encore ignorées, d'une femme avisée et indépendante, qui avait à ce moment le plus sérieux intérêt à être exactement renseignée. Mme Denis, alors à Paris, tenait son oncle Voltaire au courant des moindres choses de la Cour. Elle lui écrivait, le 8 mars 1769 : « M. de Choiseul est toujours dans la même position... La Dame n'est pas encore présentée, et le Roi a retardé neuf ou dix femmes qui devaient l'être. Cependant on est persuadé qu'elle le sera. On la dit gaie et bonne ; si elle n'était pas soufflée, il n'y aurait peut-être aucun inconvénient, mais..... Enfin, j'espère que le duc se rapprochera d'elle. Le Roi souffre toujours de son bras ; il ne peut le lever, il ne peut signer ; cette chute est plus considérable qu'on ne pensait... »

La maîtresse a vécu des jours d'angoisse ; aussi, dès qu'il revient à elle, supplie-t-elle le Roi de lui épargner pour l'avenir de semblables tourments ; avec des larmes elle demande la présentation. « Je rouvre ma lettre, mon cher ami », écrit le 26 mars Mme Denis à Voltaire, « pour vous dire qu'une veuve de province, dont je ne me souviens point du nom, sera présentée dimanche prochain de Pâques fleuries, et ensuite elle présentera Mme Du Barry après Pâques... Je suis sûre de cette nouvelle. »

Ce mois de mars est tout entier aux préparatifs des épousailles du duc de Chartres et de Mlle de Penthièvre, qui se célèbrent le 5 avril magnifiquement. Rien ne contrecarre plus les projets du Roi ; après s'être entendu avec Richelieu, il annonce, le soir du 21 avril, qu'il y aura une présentation le lendemain, présentation unique, celle de Mme Du Barry. Cette décision du souverain était pour décevoir les espérances du cabinet autrichien ; le comte de Mercy le fit bien voir. La *Gazette de France*, le journal officiel de la Cour, rédige ainsi la nouvelle : « Le 22 de ce mois [avril 1769], la comtesse Du Barry eut l'honneur d'être présentée au Roi et à la famille royale par la comtesse de Béarn. »

Voici donc que Jeanne, à portes ouvertes, entre dans l'Histoire, où l'on va se plaire à lui prêter un rôle néfaste. Mais qu'il eût été mal soutenu par cette nature féminine, s'il en fut, pliante et tendre ; par cet être mobile en qui l'intelligence n'aura jamais la force d'étouffer le cœur, ni le cœur de duper l'esprit. Ses instincts ont crû, sans contrainte, comme ces belles herbes des champs où çà et là se mêle aussi l'ivraie. Malgré l'influence d'un temps et d'un milieu où la préciosité abonde, Rousseau peut-il rêver d'une Sophie plus naturelle ? Et si parfois elle met du rouge à son visage, de la poudre à sa chevelure, au moins elle ne farde pas son âme. Délicieusement simple rien ne peut l'éblouir de cette fortune où elle vit comme dans la Fable ; et c'est dans une magnifique sérénité qu'elle montera, ainsi qu'une reine, l'escalier d'honneur de Versailles.

Le lendemain de la présentation, un dimanche, Mme Du Barry assistait à la messe du Roi, en grand habit, avec tous les diamants de la veille. Elle occupait, dans la chapelle, la place où l'on avait vu la marquise de Pompadour. Louis XV, le bras encore en écharpe, répétait de la main gauche les signes de croix. On remarquait dans la suite de Sa Majesté un grand cortège d'évêques ; ils semblaient là pour faire leur cour à la nouvelle favorite, l'ironie des choses voulant qu'ils eussent mis en elle l'espoir du parti dévot.

Choiseul voyait auprès de la maîtresse cette coterie Richelieu-La Vauguyon qui avait juré sa perte. A la mort de la marquise, ses ennemis donnaient au Roi, pour servir leur ambition, cette frivole comtesse d'Esparbès qui semblait plaire au souverain. Déjà, au temps même de la défunte, Louis XV goûta la grâce perverse de la jeune femme aux nomades amours. Elle était toute frêle et rousse, avec des yeux d'azur, et si myope que son regard tremblant ne se posait jamais. Elle avait surtout les plus jolies mains du monde et, à la saison des cerises, ses doigts d'enfant, saupoudrés de sucre, épluchaient les fruits vermeils pour Sa Majesté.

Pourtant, il avait suffi d'une impertinence du ministre-duc pour la mettre hors de cause, et il pensa se débarrasser aussi vite de Mme Du Barry. C'est que la duchesse de Grammont, amie de Mme de Pompadour, désirait ardemment sa succession. Sans être belle, elle séduisait par l'esprit et le savoir; son salon réunissait gens de Cour, philosophes, politiques ; elle était le conseil de son frère et leur intimité exerçait la malignité du public ; d'une politesse exquise, d'une élégance souveraine dans les manières, « elle ne regardait les mœurs que comme faites pour le peuple ». On voit à quels adversaires puissants et sans scrupules avait affaire la favorite ; elle eût succombé peut-être si autour d'elle ne s'étaient ralliés les mécontents, et surtout ceux qu'animait contre Choiseul une haine particulière.

Pour se créer des amis et nouer des relations nécessaires à son influence, la comtesse donne des dîners. Mais seuls les hommes répondent à ses avances. Les duchesses de Grammont et de Choiseul, la princesse de Beauvau font cause commune et quittent Versailles. Durant le court séjour à Marly, on trouve peu de dames au jeu du Roi. Elles sont lentes à pardonner à l'intruse ; mais bientôt on comptera, parmi ces belles dédaigneuses, les intimes de Mme Du Barry.

Dans un grand souper de dix-huit personnes que Richelieu donna en l'honneur de son amie, il la liait avec deux grandes dames de son temps : la princesse de Talmont et la duchesse de Valentinois, l'une un peu extravagante, mais spirituelle ; l'autre qui ne demandait qu'à soutenir et à instruire des choses de la Cour la nouvelle venue. Celle-ci s'y comportait, d'ailleurs, avec une aisance bien inattendue après toutes les horreurs qu'on avait débitées sur elle. Les courtisans qui, dans leurs souvenirs, pouvaient la comparer à la précédente maîtresse, portaient d'elle un jugement que résume ainsi M. de Talleyrand : « Quoique... [Mme de Pompadour] eût été élevée et eût vécu dans la société financière de Paris, qui était assez distinguée alors, elle avait mauvais ton, des manières de parler vulgaires dont elle n'avait pu se corriger, même à Versailles. Elle différait en tout point de Mme Du Barry qui aimait à parler, et avait attrapé l'art de conter assez gaîment. »

Les voyages de la Cour commençaient vers la fin de mai par un séjour à Choisy. A cette occasion, la comtesse monta pour la première fois dans les carrosses du Roi. Les spectacles, suspendus depuis la mort du Dauphin, reprirent comme pour fêter la jeune femme. Les théâtres royaux, qui venaient tour à tour jouer devant le souverain, prenaient les ordres du Premier gentilhomme en année ; en réalité, la direction des « Menus » appartenait en grande partie à la favorite. On a naturellement accusé Mme Du Barry d'un choix d'œuvres licencieuses jouées par son ordre ; mais le *Journal des spectacles de la Cour* dément ces imputations.

On revenait au temps joyeux d'avant les deuils de Versailles ; le Roi dissipait sa mélancolie au sourire de Jeanne : elle assistait aux soupers en une de ces blanches robes qui ajoutaient la fantaisie à sa pure beauté. Le Roi l'aimait sous le déguisement de Flore, et rien ne seyait mieux à sa fraîcheur de printemps que l'étoffe de soie légère aux entrelacs de myrte, avec des roses à son front, des perles à ses bras, ainsi que tant de fois les peintres la montrèrent.

Vers cette époque « la divinité du jour » eut occasion de changer vraiment les destins d'une pauvre fille de vingt ans, qui demeurait à Liancourt, dans le Vexin français. Elle venait de mettre au monde un enfant mort ; comme elle n'avait point fait la déclaration de grossesse prescrite par les ordonnances, elle fut accusée d'infanticide et condamnée à la potence, par arrêt du Parlement de Paris. Un mousquetaire noir, M. de Mandeville, instruit de cette affaire, fut pris de pitié et, afin d'implorer pour la malheureuse, se rendit à Marly où se trouvait la Cour. Il ne connaissait pas Mme Du Barry, mais on lui avait parlé de sa bonté, de sa pitié agissante ; c'est à elle qu'il s'adressa. Émue par le récit qu'on venait de lui faire, elle écrivait aussitôt à M. de Maupeou, chancelier de France, une lettre qui amenait un sursis en faveur de la condamnée :

MONSIEUR LE CHANCELIER,

Je n'entends rien à vos lois ; mais elles sont injustes et barbares ; elles sont contraires à la politique, à la raison, à l'humanité, si elles font mourir une pauvre fille accouchée d'un enfant mort sans l'avoir déclaré. Suivant le mémoire ci-joint, la suppliante est dans ce cas ; il paraît qu'elle n'est condamnée que pour avoir ignoré la règle ou pour ne s'y être pas conformée par une pudeur très naturelle. Je renvoie l'examen de cette affaire à votre équité, mais cette infortunée mérite de l'indulgence. Je vous demande au moins une commutation de peine. Votre sensibilité vous dictera le reste. J'ai l'honneur d'être...

On sut gré à Mme Du Barry de sa démarche et « tout Paris ne put s'empêcher d'applaudir à cette belle action ». Quelques jours après, elle empêchait encore l'œuvre du bourreau. Le comte de Louësme et sa femme perdus de dettes, se trouvant soumis à la contrainte par corps, avaient, par deux fois, opposé à la maréchaussée une violente résistance. Ils s'étaient retranchés dans leur château du Parc-Vieil, sur les confins de la Champagne et de l'Orléanais. La comtesse fit le coup de feu à côté de son mari et tua un huissier ; puis un cavalier tomba mortellement atteint. Le donjon ne capitulait qu'après deux jours de siège et neuf prisonniers étaient conduits à Montargis.

L'affaire, appelée devant le Parlement de Paris,

constituait un cas royal et la procédure fut réglée à l'extraordinaire. L'arrêt, rendu un an après, condamnait Louësme et sa femme à la décapitation. L'émotion fut grande dans la noblesse ; depuis Lally, il n'y avait pas eu d'exécution de ce genre. La fille des coupables, la comtesse de Moyon, et leur belle-fille vinrent supplier le monarque. Comme il demeurait inflexible, par la comtesse de Béarn elles s'adressèrent à Mme Du Barry ; et un jour, la favorite, implorant aux pieds du Roi, déclara « qu'elle ne se relèverait point que Sa Majesté ne lui eût accordé ce qu'elle demandait ». Louis XV n'osa refuser davantage : « Madame, répondait-il, je suis enchanté que la première faveur pour laquelle vous me forcez soit un acte d'humanité. » « L'événement lui fit infiniment d'honneur et lui concilia une partie des grandes familles du royaume... »

La maîtresse montrait ainsi qu'elle entendait faire usage de sa puissance en faveur de l'infortune. A combien d'autres malheureux fut-elle alors secourable, sans compter ces poètes, ces littérateurs faméliques qui réclamaient sa protection. Le premier qui s'en avisa était singulièrement compromettant. Le chevalier de La Morlière, mauvais sujet et pire écrivain, ami du Roué et de Crébillon le fils, se permit, au mois de juin 1769, de dédier un livre à la charmante Muse. Ce ne fut point, au reste, une de ces productions impudentes qui l'avaient fait surnommer l'Arétin français ; on n'y trouvait qu'un recueil d'anecdotes « pour prouver l'influence du sort sur l'histoire du cœur humain », et l'auteur l'intitulait *Le Fatalisme*.

Madame DU BARRY
Par DROUAIS

Mais Mme Du Barry très superstitieuse ne vit là qu'une prédiction inquiétante, car le livre portait cette épigraphe empruntée à une tragédie de Sénèque : « Nulle supplication ne peut fléchir l'arrêt du destin. »

A ce moment, il est vrai, tout semblait conspirer en faveur de son avenir. Sa situation à la Cour de jour en jour s'affermissait ; Choiseul lui laissait même quelque temps la place libre, s'étant retiré en ses terres de Chanteloup après le souper de Bellevue. La manœuvre était habile, et le cardinal de Fleury en avait souvent usé. Ce fut un moment de répit pour la maîtresse ; les épigrammes ne la déchiraient plus ; chacun subissait son ascendant de douceur ou peut-être, tout simplement, « le vent de faveur soufflant absolument de ce côté-là », tous étaient aux pieds de « l'idole ».

Le voyage de Compiègne suivait celui de Choisy et le départ eut lieu à grands frais d'équipages. La suite du souverain était nombreuse ; beaucoup de dames surtout ; sur la liste des voyageuses présentée au Roi, il avait rayé de sa main le nom des comtesses de Brionne et d'Egmont et de la duchesse de Grammont, qu'il punissait ainsi de leur animosité contre la favorite. Elles se vengèrent de cette humiliation par une caricature. L'épigramme ne se montrait que sous le manteau ; on l'attribua « spécialement à Mme de Grammont... qui avait plus de raison pour en vouloir à sa rivale, car le Roi lui avait donné encore précédemment une mortification qu'elle ne pouvait pas non plus digérer », imprime hardiment un anecdotier.

Claude Saint-André.

Pendant le voyage de Compiègne, Louis XV faisait don à la comtesse d'un domaine de la Couronne. Le petit château de Louveciennes ou Luciennes, à deux pas de Marly, fut convoité bien souvent par Marie Leczinska elle-même parce qu'il se trouvait à proximité de Versailles, en une situation délicieuse, sur la colline dominant le pays. La maison « fort jolie » avait appartenu à Mlle de Clermont, puis à la comtesse de Toulouse, tante et confidente de Sa Majesté. A sa mort, la survivance du domaine passa au duc de Penthièvre, qui y voyait mourir son fils, le prince de Lamballe, à peine âgé de vingt ans.

Le duc se démettait aussitôt du bien viager qui lui rappelait de trop tristes épreuves, et le Roi en disposait, par brevet du 24 juillet 1769, en faveur de sa maîtresse. Des réparations et des agrandissements étaient nécessaires avant d'y recevoir le souverain. Mme Du Barry étant désormais chez elle, ce fut son notaire, et non le Trésor, qui se chargea des versements de fonds pour les travaux que Gabriel dirigeait. L'architecte du Roi pressa l'ouvrage afin de satisfaire au désir de la favorite ; il se poursuivit pendant toute l'année 1770.

Choiseul, dont le crédit n'était point diminué, mais qui voyait grandir celui de la favorite, recommençait la guerre, poussé par sa vindicative sœur. De son côté, Mme Du Barry répondait aux impertinences par mille malices qui amusaient fort Sa Majesté. Mais, si le ministre renouvelait le répertoire des chansons grivoises, il était moins audacieux, maintenant que le Roi avait nommé sans détour les coupables. Le duc rejetait sur Mme de Grammont toute la vivacité de la lutte, et trouvait des excuses à ces emportements, « dont le motif avait ses principes dans le cœur ».

Les fêtes militaires, qui eurent lieu vers la fin de juillet, allaient encore mettre aux prises les deux adversaires.

Mme Denis en écrira à Voltaire tous les détails :

Je vais vous conter un fait arrivé il y a deux jours, qui vous fera voir clair sur ce pays-là. Mme Du Barry a un parent dans le régiment du chevalier de La Tour du Pin, frère de Mme de Saint-Julien. Elle a prié au camp de Compiègne tout le régiment à dîner. Le colonel a été fort embarrassé. Mme de Saint-Julien a été à M. de Choiseul pour savoir ce que son frère devait faire ; le ministre a répondu avec humeur : « Qu'il fasse ce qu'il voudra ! » Elle a eu beau le presser, elle n'a pu en tirer autre chose. Le colonel a pris le parti d'envoyer ses officiers dîner chez Mme Du Barry, et lui, son lieutenant-colonel et son major, d'aller dîner chez M. de Choiseul, en faisant faire des excuses à la Dame. Il faut vous dire que, quand un de ces trois officiers-là n'est pas à la tête du régiment, il ne forme point corps ; ce ne sont plus pour lors que des officiers particuliers. Mme Du Barry n'a pas fait semblant de s'apercevoir de cela ; elle a envoyé demander à dîner au régiment, trois jours après. Mme de Saint-Julien a encore été trouver le ministre pour savoir ce que son frère devait faire ; il la reçut avec humeur en lui disant qu'il n'en savait rien. Le régiment a pris le parti de lui donner à dîner avec le maréchal de Richelieu, le comte de Maillebois et beaucoup d'autres.

Le ministre est furieux contre le chevalier de La Tour du Pin de ce qu'il a donné à dîner à Mme Du Barry. Il a trouvé que son régiment était très mal tenu, quoiqu'il soit un des plus beaux ; il l'a dit au Roi ; il tient des propos inouïs, mais le chevalier est on ne peut pas plus

gracieusé du Roi, et attend que la girouette tourne.
Mais ce qu'il y a de plaisant, c'est que le duc est furieux
contre Mme de Saint-Julien, qui n'a point été au dîner.
Il est vrai que le comte de Maillebois lui est attaché, et
qu'il est inquiet de la désertion du comte ; c'est un
homme qui a infiniment d'esprit et de talent, qu'il a
toujours craint et qu'il a laissé sous la remise en l'éloi-
gnant du Roi.

Le Roi s'irrite de l'intervention de Choiseul. Dans
une lettre qui en dit long sur ses droits de maître, il
admoneste son ministre :

Comme je vous ai promis de vous dire tout ce qui me
reviendrait de vous, je m'en acquitte en ce moment.
L'on dit que vous avez grondé Wurmser, je ne sais sur
quoi, mais que vous lui avez lâché une f. bien condition-
née.
L'on dit que vous avez grondé le chevalier de La Tour
du Pin, à l'occasion de Mme Du Barry, sur ce qu'elle a
dîné au camp, et sur ce que la plus grande partie des
officiers avaient dîné chez elle le jour de la revue.
Vous avez grondé aussi M. Foulon à son occasion.
Vous m'aviez promis que je n'entendrais plus parler
de vous sur elle.
Je vous parle avec confiance et amitié. L'on peut se
déchaîner contre vous dans le public ; c'est le sort des
ministres, surtout quand on les croit voir en opposition
avec les amis du maître ; mais, à cela près, le maître est
toujours très content de leur besogne, et de la vôtre en
particulier.

C'est par une page humble et soumise que Choiseul répond au billet du souverain :

SIRE,

Je suis bien touché de la bonté et de la confiance que
vous me marquez ; j'en serais indigne, si je ne la sentais

pas jusqu'au fond du cœur, et si je n'y répondais avec la vérité de l'attachement que je vous dois... Je ne puis pas douter, en voyant ceux qui entourent Mme Du Barry, et que Votre Majesté connaît dans le fond de son âme aussi bien que moi, que je ne sois un des objets particuliers de leurs interventions malignes et de leur désir de nuire... Si je n'étais pas aussi assuré, Sire, de *votre justice, de la bonté de votre cœur et de votre discernement sur ce qui compose votre Cour,* je serais révolté des horreurs qui me sont revenues et dont j'ai été l'objet. Mais, en me confiant sur tous les sentiments qui sont en moi pour votre personne, j'ai méprisé... des infamies qui, en vérité, ne doivent point atteindre quelqu'un qui est *honoré de la confiance d'un aussi bon roi et, permettez-moi de vous dire, Sire, d'un aussi honnête homme que Votre Majesté.* Je n'ai jamais dit dans ma vie un mot plus haut que l'autre à Wurmser... Je ne l'ai point grondé... Je n'ai pas grondé M. le chevalier de La Tour du Pin... Le lendemain, en allant voir manœuvrer, je dis à M. de Rochambeau que l'on m'avait rapporté que le régiment de Beauce de sa division avait rendu des honneurs à des carrosses autres que ceux de la famille royale, pendant que Votre Majesté était sur le front de la ligne ; que cela n'était pas bien, et que je le chargeais de prévenir M. de La Tour du Pin que l'on ne devait pas rendre d'honneurs quand le Roi était au camp... Après la manœuvre, je dis à M. de La Tour du Pin que son régiment était beau, qu'il était bien tenu, mais qu'il n'était pas encore bien sur les armes, ni ne manœuvrait pas avec l'exactitude précise que l'on remarquait aux autres... Quant à Foulon, je ne me souviens pas de l'avoir jamais *grondé* ; je me méfie de lui, parce que je ne l'ai jamais cru honnête... Je lui ai parlé une seule fois de Mme Du Barry, il y a trois semaines, à l'occasion d'un nommé Nallet que Mme Du Barry m'a recommandé. J'ai dit à Foulon bien précisément que je voulais faire pour cet homme ce qu'elle désirait, et que je m'en prendrais à lui, s'il n'en accélérait pas les moyens... S'il

dit que dans aucune circonstance, depuis que je le
connais, je l'ai grondé relativement à Mme Du Barry,
M. Foulon est un impudent menteur... L'on vous dira,
Sire, que j'ai des défauts ; je voudrais bien m'en corriger
et je me les reproche en mon particulier aussi souvent
que mes ennemis peuvent le faire... *Je n'ai que deux
objets uniques, celui de vous bien servir et celui de vous
plaire...* Il est difficile, Sire, que vous ne soyez pas
certain de mon désir de vous plaire, *si vous daignez
considérer que je tiens tout de vous, que je ne tiens et
n'ai jamais voulu tenir qu'à vous, que vous réunissez
pour moi tous les sentiments de devoirs, d'attachement
personnel, de reconnaissance, et que je vous sers par
amour et par l'amour le plus zélé,* ce qui vaut mieux
que l'ambition et les talents...*

Le ministre-duc désignait clairement au Roi ses
ennemis. Il visait ici M. de Soubise et surtout
M. de Richelieu. Le vainqueur de Port-Mahon,
« l'Alcibiade du siècle », était rajeuni par son nouveau
rôle. C'était, d'ailleurs, un charmant vieillard qui
n'avait point abdiqué ses prétentions. Les femmes
goûtaient encore son esprit étincelant, sa distinction
de grande race, et le considéraient comme « un génie
qui embrasse tout,... vif, léger, inconstant en amour,
tendre et fidèle en amitié. » Certes, Richelieu possédait des qualités qui allaient servir les ambitions
de sa famille, mais surtout il avait dans son jeu cet
atout décisif qu'était la maîtresse du Roi.

Ainsi pense le prince de Condé en invitant à
Chantilly Sa Majesté et la favorite. C'est, à peu de
distance, le deuxième séjour de Louis XV chez son
fastueux cousin. Le prince du sang étale sa magnificence en des fêtes galantes, et fait les honneurs

de son domaine à Mme Du Barry. L'intimité est complète; la marquise de l'Hôpital, amenée par le prince de Soubise, s'y montre fort empressée; au reste, l'on a choisi les dames désireuses de faire leur cour.

Au retour de Chantilly eut lieu l'ouverture bisannuelle du salon du Louvre. Deux portraits de la comtesse étaient exposés, ce qui fit la foule se presser au point qu'Horace Walpole se plaignit de n'avoir pu avancer dans les salles. Mais le jour où Mme Du Barry vint visiter l'exposition, M. de Saint-Florentin, ministre de la Maison du Roi, donna l'ordre de fermer les portes au public, et elle entra escortée des plus célèbres artistes.

Les deux effigies que donnait d'elle F.-H. Drouais furent tour à tour dénigrées ou exaltées par les contemporains. La première représente Flore sous des roses; mais trop mièvre peut-être, trop fluette au dire des critiques d'alors. La comtesse est en déshabillé de satin blanc, décolleté, orné à l'épaule d'un fil de perles; une guirlande de roses est jetée en sautoir; le visage paraît d'une jeunesse idéale sous les cheveux bouclés; l'arc des sourcils, haut et bien dessiné, noirci au crayon, enferme dans sa courbe des yeux bleus s'ombrageant de longs cils; et le regard, auquel la volupté fut reprochée, est si caressant, si tendrement malicieux. Beauvarlet nous a laissé la gravure du deuxième portrait exposé à ce salon, et dont l'original ne nous est pas connu. Mme Du Barry est en habit de cheval et porte une jaquette d'homme de soie grise à revers. Entre la dentelle à peine se devine une gorge ronde dont se montrait fière cependant la belle Dame. Comme elle n'avait pas l'habitude de cacher cette perfection de sa jolie personne, on se déclara volé ; et Diderot, dans ses comptes rendus, parle avec dédain d'un corps « mince, effilé, évidé ». Quoi qu'il en soit des avis contraires, la chasseresse qui est sous nos yeux possède au moins une élégance bien personnelle.

Les femmes du xviiie siècle ne tiennent l'opinion que lorsqu'elles ont pour elles les gens de lettres. Mme Du Barry, mêlée à leur monde depuis si longtemps, ne pouvait l'ignorer, et l'on pense avec quel empressement elle accueillit l'idée de se concilier l'amitié du maître incontesté de l'esprit public. Voltaire n'était pas revenu à Paris depuis bien longtemps et voulait y reparaître. Il fallait à l'exilé, pour séjourner dans la capitale même la durée d'un hiver, le consentement du Roi. La très hardie *Histoire des Parlements*, qu'il venait de publier en niant d'ailleurs sa paternité, compliquait les choses. Mme Denis en grand mystère avait parlé à Richelieu de ce projet de voyage. Celui-ci se vantait d'aplanir, par la favorite, toutes les difficultés : « J'ai engagé un homme, » écrit-elle à son oncle, « qui ne veut pas encore que je vous le nomme, d'engager Mme Du Barry de parler de vous au Roi, en lui disant qu'elle a fort envie de vous voir. Nous verrons ce que le Roi répondra. *Il ne faut pas que M. de Choiseul le sache.* J'aurai la réponse dans huit jours au plus tard. Si cette réponse est favorable, ayant cette femme auprès du Roi pour vous, et les Choiseul vous aimant, je crois qu'il n'y a pas à balancer. »

Cliché Goupil et Cⁱᵉ

La fête de Saint-Cloud : Les Marionnettes

Par FRAGONARD

(Collection du comte André Pastré)

La comtesse est ravie de rendre un tel service, et s'emploie aussitôt à préparer le retour du philosophe. Elle en présente l'idée au Roi « comme d'elle-même ». Il sourit et dit : « Je vous répondrai sur cela dans dix jours. » Mme Du Barry rapporte le sourire à Richelieu, et celui-ci à Mme Denis ; on est plein d'espoir. « Sans demander précisément son retour », Mme Du Barry parle souvent de Voltaire ; elle obtient des « choses honnêtes et flatteuses ». Le maréchal, partant pour Fontainebleau, dit à Mme Denis : « Regardez la chose comme faite » ; il se charge d'y intéresser M. de Saint-Florentin. Tout est dans le plus grand secret. Mais les jours passent, l'automne va finir ; comme rien ne se décide, l'illustre vieillard perd patience ; cependant, depuis lors, il sera plein de gratitude envers la favorite qui a mis tant d'empressement à le servir.

Pendant le séjour de la Cour à Fontainebleau, Richelieu juge opportun d'introduire dans la place son neveu, le duc d'Aiguillon. La mort du duc de Chaulnes a laissée vacante la charge de capitaine-lieutenant de la garde du Roi dont le ministre-duc désire acheter le brevet pour son parent, le vicomte de Choiseul ; mais le maréchal le prévient et, grâce à la favorite, obtient l'emploi pour d'Aiguillon. L'échec est d'autant plus sensible au ministre, qu'il donne de sérieux avantages à l'adversaire, le capitaine-lieutenant de la garde ayant ses entrées directes et travaillant avec le Roi. Pour la première fois, il s'inquiète. Aussi se décide-t-il à demander une audience à la comtesse. Richelieu l'a mise sur ses gardes et, forte de ses conseils, elle reçoit avec une belle assurance

la visite de son ennemi. L'entretien dure trois heures.
De part et d'autre on déploie beaucoup d'esprit ; mais
la situation n'en est pas changée.

Mme Du Deffand écrit à Walpole : « Le grand-papa
|Choiseul] paraît de très bonne humeur, pourtant il
n'est pas sans inquiétude ; la Dame ne dissimule plus
sa haine pour lui, et cette conversation qu'il eut avec
elle, pendant que vous étiez ici, a été une fausse
démarche de sa part puisqu'elle n'a produit aucun
bon effet. Il reçoit journellement de petits dégoûts,
comme de n'être pas nommé ou appelé pour les
soupers des Cabinets ; et chez elle, des grimaces,
quand au whist il est son partenaire, des moqueries,
des haussements d'épaules, enfin des petites ven-
geances de pensionnaire, mais qui ne laissent pas
d'écarter une sorte de gens, des sots à la vérité ;
mais c'est une petite brèche à la considération... »

La duchesse de Grammont, partie pour la Hollande distraire son chagrin, dut apprendre avec dépit
cette tentative de rapprochement. La chose prit les
proportions d'un événement politique : « Les affaires
du tout-puissant [Choiseul], » écrivait Tronchin,
« se barbouillent pour le moins autant que les joues
de nos élégantes. Son parti contraire se fortifie tous
les jours et, quoique tout soit encore dans la bou-
teille à l'encre, il paraît que l'opinion générale est
qu'il ne peut pas s'en tirer. »

Il essaye de faire bonne contenance, s'absente
fréquemment, visite le camp de cavalerie de Metz,
avec un prince du sang, le duc de Chartres, et, à
Chanteloup, étale une telle magnificence que les
nouvellistes racontent qu'il a « quarante maîtres à

table, deux troupes de comédiens pour amuser ses invités, et le reste à proportion ».

Pendant ce temps, Louis XV chasse à Fontainebleau et, le 28 septembre, prend deux cerfs dans la forêt de Sénart. Mme Du Barry suit à cheval en habit d'homme ; parmi les dames très nombreuses se trouvent la maréchale de Mirepoix, les duchesses de Montmorency et de Valentinois, la marquise de l'Hôpital. On dîne splendidement à Croix-Fontaine, chez le financier Bouret, dans le « Pavillon du Roi ». Et le galant fermier-général présente à Sa Majesté une Vénus de Coustou, dont la tête habilement retouchée reproduit les traits de la favorite.

A cette marque insigne d'adulation succède la plus piquante des épigrammes. M. de Lauraguais, ami des Choiseul, imagine de produire à Fontainebleau une jeune femme d'une grande beauté, et du monde le plus léger, qu'il fait appeler la comtesse du Tonneau. « L'histoire donne lieu à une caricature représentant la favorite en grand habit assise sur un baril. » Sous Mme de Pompadour, l'insolent eût risqué la Bastille ; mais c'était un règne plus doux, et le grand seigneur en fut quitte pour un séjour en Angleterre.

Mme Du Barry, d'ordinaire, restait indifférente aux offenses, mais cette fois, cela passe la mesure ; elle s'en montre vraiment affectée et ne paraît plus en public. Au reste, fatiguée par tant de surmenage, elle se laisse adorer dans la tranquille intimité des intérieurs de Fontainebleau. Elle occupe, sur la cour de Diane, au rez-de-chaussée, au-dessous de celui du Roi, l'appartement qui fut celui de la marquise.

C'est dans le grand cabinet, donnant sur le bosquet où chantent les fontaines que la comtesse, le plus souvent, se tient avec Sa Majesté.

Louis XV n'était plus dans la grâce de sa jeunesse, « beau comme le dieu même de l'amour », tel que l'immortalisèrent Rigaud, Van Loo, Nattier; mais qu'il paraissait séduisant encore dans la lassitude des années. Drouais, en 1773, donnait la dernière image du monarque, avec sa grande allure, et l'infinie tristesse de ses yeux où vacille autant de mysticisme que de volupté. Aussi bien attiraient-ils toujours, et ce visage nimbé de royauté, et cette âme tour à tour hésitante ou soudaine, toute en contrastes, en étrangetés. Il restait « l'indéchiffrable », « l'indéfinissable » de Mme de Pompadour, le taciturne que promettait son enfance maladive, et son cœur demeurait solitaire dans l'orgueil d'être le souverain.

A Fontainebleau, dans le salon de la favorite, les intimes arrivaient faire leur cour, le duc d'Aiguillon, le premier, aussi amoureux qu'intéressé, s'étant laissé prendre aux grands yeux de sa protectrice. Elle en obtenait même qu'il nommât Adolphe Du Barry cornette surnuméraire dans sa compagnie, à la place du duc de Pecquigny, devenu duc de Chaulnes par la mort de son père. C'était, d'ailleurs, le seul de ses alliés que la favorite protégeât; et dans le même temps, le Roué ayant osé solliciter pour son ami, le sieur Genée de Brocheau, la place de contrôleur-général des Finances, reçut l'ordre de voyager pour sa santé, et d'aller prendre des eaux, dont il ne croyait pas, dans son imprudente ignorance, éprouver le moindre besoin.

Pendant un de ces jours de langueur et de repos, M. d'Aiguillon présente à la favorite un officier de sa compagnie qui désire lui remettre une supplique. Le jeune chevau-léger, M. de Belleval, a revêtu la grande tenue; il vient implorer la comtesse pour la vie d'un soldat déserteur. Carpentier s'était engagé et servait avec zèle dans le régiment de Provins, lorsque, pris du mal du pays, il s'enfuit avec son cheval et son uniforme. Il est arrêté, jugé et condamné à mort. L'infortuné se réclame de M. de Belleval; celui-ci va demander aide à son capitaine-lieutenant, d'Aiguillon. « Ce n'est pas par moi qu'il faut obtenir cela du Roi, » dit le duc, « mais par la comtesse Du Barry. » Et voici l'officier tout ému devant la favorite:

J'avais déjà aperçu souvent la Comtesse, écrit-il, mais de loin, assez pour juger l'ensemble de sa beauté célèbre, mais pas assez pour les détails. Elle était nonchalamment assise, plutôt même couchée dans un grand fauteuil, et avait une robe fond blanc à guirlandes roses que je vois encore... Mme Du Barry était l'une des plus jolies femmes de la Cour, où il y en avait tant, et certainement la plus séduisante par les perfections de toute sa personne. Ses cheveux, qu'elle portait souvent sans poudre, étaient du plus beau blond, et elle en avait une profusion à n'en savoir que faire; ses yeux bleus avaient un regard caressant et franc... Elle avait le nez mignon, une bouche toute petite, et une peau d'une blancheur éclatante. Enfin l'on était bientôt sous le charme, et c'est ce qui m'arriva si fort, que j'en oubliai presque ma supplique, dans le ravissement où j'étais de la contempler. »

L'« habit rouge » cependant recouvre ses esprits, et insiste sur la confiance que tout un régiment met en elle, pour obtenir la vie de l'infortuné. « Je vous promets de parler au Roi, monsieur, » répond-elle, « et j'espère que Sa Majesté ne me refusera pas cette grâce. M. le duc sait bien que ses amis sont les miens, et je le remercie de ne pas l'oublier. » Après quelques mots aimables, elle les congédie ; M. d'Aiguillon, incliné, baise sa main disant : « Ceci est pour le capitaine-lieutenant ; n'y aura-t-il rien pour la compagnie ? » Elle sourit, et tend ses jolis doigts aux lèvres de Belleval.

Le lendemain, un laquais à la livrée de la comtesse vint l'avertir qu'il était attendu ; et à six heures, on le fit entrer dans l'appartement de la favorite. Il y avait beaucoup de monde ; le Roi s'y trouvait, debout, adossé à la cheminée. En apercevant le jeune officier, Mme Du Barry s'écria : « Sire, voilà mon chevau-léger qui vient faire son remerciement à Votre Majesté. » « Remerciez d'abord Mme la comtesse », reprit Louis XV, « et dites à votre protégé que, si je lui fais grâce, par son attention à mon service, il faut qu'il fasse oublier la faute dont il s'est rendu coupable. » Le soir même, la bonne nouvelle arrivait à Provins ; ce fut parmi les chevau-légers un juvénile enthousiasme pour la belle maîtresse.

A ces marques de popularité, M. de Choiseul était plus inquiet qu'il ne le laissait voir ; mais il donnait si bien le change que Mme Du Deffand pouvait écrire à Walpole, en lui apprenant la nomination du nouveau contrôleur des Finances, l'abbé Terray : « Je soupai mardi chez le grand-papa [Choiseul] ; il est toujours de la plus grande gaieté ; il sera comme Charles VII à qui l'on disait :

« On ne peut perdre un royaume plus gaiement. »

Le nouveau contrôleur général, habile homme, ne tarde pas à se montrer tout dévoué à Mme Du Barry, et celle-ci, maintenant assez forte, traite avec Choiseul de puissance à puissance. Un billet d'elle, du 16 novembre 1769, en témoigne. Sur un ton d'ironie enjouée, elle rappelle au duc les promesses que, depuis six mois, il a faites au sieur Nallet qu'elle protège :

Vous êtes trompé sur vos entours, M. le duc, sans quoi il serait impossible que vous m'eussiez écrit, il y a six mois, que le bien des affaires du Roi étant de remettre en fourniture les vivres de Corse, vous les rendriez au sieur Nallet, des services de qui vous étiez content, dès que le sieur Delisle serait arrivé. Il paraît que ce régisseur a des projets différents des vôtres puisqu'il est si lent à se rendre à vos ordres. Vous sentez, comme moi, combien sa présence ici est peu nécessaire pour l'exécution de votre volonté. Qu'il n'arrive ou n'arrive point, vous pouvez donc passer le traité au sieur Nallet, si vous persistez à croire qu'il est capable de bien remplir ses devoirs ; n'en parlons plus, M. le duc, si vous avez changé d'opinions. Je n'en resterai pas moins convaincue du désir que vous aviez de faire quelque chose qui m'eût été agréable.

J'ai l'honneur d'être avec une extrême considération, M. le duc,

Votre très humble et très obéissante servante,

LA COMTESSE DU BARRY.

Cette lettre de malice avisée et d'impertinence légère donna, sans doute, à réfléchir à M. de Choiseul.

Après le « débotté », l'on soupe et on joue le plus souvent chez le Roi. Cette disposition permet de

laisser libre, pour la comtesse, les « Petits cabinets »
où Sa Majesté et ses invités passaient auparavant
leurs soirées. Au-dessus de la chambre privée de
Louis XV et des pièces attenantes, dans l'aile droite,
sur la cour de Marbre, les « Petits cabinets », amé-
nagés sous les combles, font partie de l'appartement
royal. En ce coin silencieux de Versailles, le souverain se retire loin de la politique et de la parade.
C'est là qu'il logea, dès qu'elle fut veuve, Marie-
Josèphe de Saxe, et qu'elle y mourut du chagrin de
son deuil, le 13 mars 1767 ; trois ans plus tard,
Mme Du Barry venait s'y installer. Des arrangements
successifs vont en faire une demeure délicieuse. Les
salons au plafond bas sont tout d'intimité, et la
décoration, dans sa monotonie blanc et or, est du
plus brillant effet.

Ainsi peut-on les voir de nos jours ces pièces où
peu à peu les souvenirs s'effacent, tristes en l'abandon des années, malgré l'or chantant encore des
glaces et des panneaux. Il eût fallu les admirer au
temps de gloire de la belle maîtresse, quand les
courtisans venaient porter leurs adulations à ses
pieds ; aux lumières surtout, alors que ressortaient
la rareté des meubles, le luxe incomparable des mar-
queteries mêlées au bronze ciselé et à la porcelaine
peinte.

Le duc de Croÿ fixe, dans son journal, ce moment
de Versailles : « Je remarquai que, petit à petit, on
allait de plus en plus chez la comtesse. Elle était
établie au logement des Cabinets, le même où était
morte Mme la Dauphine. Elle gagna de tout cela
d'être tout à fait à découvert comme dame de la Cour ;

Cliché Braun

Madame DU BARRY
Par DROUAIS

M.D.B. VI

elle allait à toutes les fêtes pêle-mêle avec les autres ; on s'y habituait. Voilà en quoi elle gagnait ; mais, elle ne paraissait pas être douée d'un esprit intrigant ; elle aimait la parure, à se trouver à tout sans marquer d'envie de se mêler d'affaires... Elle paraissait respectueuse avec les autres dames, ne s'aventurant pas trop. »

La comtesse avait plus d'influence que ne le croyait le vieux courtisan. Choiseul lui-même aurait plié alors ; mais la maîtresse ne faisait pas comme autrefois « la moitié du chemin », et il s'en plaignait chez la marquise Du Deffand. L'abbé Terray prenait de l'autorité ; M. d'Aiguillon était au mieux avec la favorite ; les symptômes fâcheux s'accumulaient contre Choiseul, et la vieille aveugle écrivait à Walpole : « Jusqu'à présent, notre ami a bonne contenance, mais je doute que l'année se passe sans une grande révolution... La Du Barry n'est rien par elle-même : c'est un bâton dont on peut faire son soutien... Il n'a tenu qu'au grand-papa d'en faire ce qu'il en aurait voulu ; je ne puis croire que sa conduite ait été bonne... Je crois que Mmes de Beauvau et de Grammont l'ont mal conseillé. Il a aujourd'hui une nouvelle amie qui n'est pas d'accord avec ces dames, mais qui ne diminue pas l'ascendant qu'elles ont pris ; c'est Mme de Brionne...»

Le crédit du ministre allait un instant se relever par l'arrivée de l'archiduchesse Marie-Antoinette. L'union de la fille de Marie-Thérèse avec l'héritier du trône de France était l'œuvre de Choiseul, et la jeune Dauphine, sans nul doute, lui en témoignerait gratitude. La favorite intimidée hésite à se montrer

Claude Saint-André.   4

aux fêtes qui se préparent : « Il était fort question, écrit le duc de Croÿ, de savoir si elle irait au mariage. Elle avait fait faire des habits charmants ; elle aimait la parure et aurait été inconsolable de n'y pas aller. » Cependant, elle se dispose à quitter la Cour jusqu'après les épousailles ; mais Richelieu, connaissant le souverain, la garde d'une maladresse irréparable.

Elle arrive par petites étapes, la blonde archiduchesse acclamée par les foules tout le long de la route, comme un gage de paix. Le 14 mai, depuis la veille au soir, pour la recevoir Louis XV et le Dauphin sont à Compiègne avec la famille royale. Un cortège se forme, afin d'aller à sa rencontre à travers la forêt. Les filles de France et les dames sont en grand habit ; le Roi et les princes ont mis le cordon bleu ; les carrosses, au son des tambours et des clairons, avancent lentement jusqu'à la lisière du bois où Louis met pied à terre. Et voici qu'apparaît la gracieuse mariée de quinze ans ; elle n'est ni grande, ni belle, mais fine et souple, avec des yeux rieurs et un teint éblouissant; elle saute de voiture; elle est aux pieds du Roi ; il la relève, la serre dans ses bras, lui présente le Dauphin et Mesdames qui l'embrassent à leur tour.

Le lendemain, on mène Marie-Antoinette au château de la Muette où l'attendent ses jeunes beaux-frères, les comtes de Provence et d'Artois. Le Roi y soupe « avec M. le Dauphin, Mme la Dauphine, la famille royale, quelques princes et princesses du sang, les dames de service et des charges et quelques personnes de la haute noblesse. La comtesse Du Barry

se trouva aussi à cette table. » Et elle était vraiment
la plus belle parmi les quarante femmes parées qui
assistaient au festin. « Sa présence, » dit Croÿ, « fit
juger qu'elle allait achever d'écraser le parti qui lui
était opposé. » Elle figurait en bon rang sur la liste
des invitées de la Muette, entre la duchesse de Che-
vreuse et la duchesse de Mirepoix. A la messe du
mariage, qui eut lieu à la chapelle de Versailles,
la comtesse déploya une somptuosité sans égale, et
cependant le luxe étalé par tous fut inouï. Le soleil
du printemps illuminait cette magnificence ; l'archevêque de Reims officiait aux sons de l'orgue ; les
regards du Roi allaient de la Dauphine toute blanche
dans sa robe de brocart, à la maîtresse merveilleuse
en grand habit de pierreries.

Neuf jours de fêtes vont se succéder auxquelles Mme Du Barry prendra part. Une représentation inaugure, au lendemain du mariage, la nouvelle salle d'opéra du Château. Les amusements
varient, et un soir, après le bal paré, on voit dans
les jardins la Cour mêlée à la foule. Tout le parc est
de lumière ; dans le lointain de la grande perspective
s'érige le temple du Soleil, les gondoles glissent sur
la nappe irradiée du Grand Canal, l'attelage d'Apol-
lon frémit dans l'onde étincelante, les pâles statues
s'éclairent le long du Tapis Vert, et les miroirs lim-
pides du Parterre d'Eau réfléchissent, fantastique,
la façade du Château où courent des traînées de feu.
Le Roi n'est pas descendu, non plus que la
Dauphine ; l'on a craint pour eux la fraîcheur
de la nuit ; mais, du balcon de la galerie des
Glaces, ils aperçoivent la féerie des douze bosquets

embrasés ; et dans la cohue des promeneurs, ils peuvent remarquer la favorite au bras du galant d'Aiguillon, Mme de Brionne avec le duc de Choiseul, la comtesse de Polignac, la princesse de Lamballe, les duchesses de Grammont, de Boufflers, de Fitz-James, les comtesses de Broglie, d'Egmont, de Chabrillan, et tant d'autres, l'orgueil et la parure de Versailles.

Le 30 mai, au soir, le Roi et la favorite vont à Bellevue pour apercevoir de la terrasse le feu d'artifice que, suivant l'usage, la ville de Paris offre aux jeunes époux. Il doit être tiré sur la nouvelle place Louis XV. Pour y assister, Marie-Antoinette et Mesdames se rendent à la capitale et déjà, du Cours-la-Reine, elles admirent la ville illuminée, lorsque des cris d'épouvante viennent les mettre en émoi. La foule, entassée dans la rue Royale, s'étouffe, s'écrase ; des fossés mal comblés ont produit des chutes mortelles ; les corps sont piétinés et les cadavres s'amoncellent. Les carrosses royaux s'en retournent, ramenant la petite Dauphine désolée : « Il paraît, » raconte le duc de Croÿ, « que cela coûta la vie à plus de trois cents personnes... Cette tragique fête fit une grande consternation dans le peuple, ce qui n'était pas favorable pour l'objet de ce mémorable mariage. »

CHAPITRE III

LA FAVORITE ET LES MINISTRES

L'arrivée d'une Dauphine à la Cour a pour résultat de modifier entre les partis les conditions de la lutte. Mesdames vont s'emparer de l'enfant royale et tâcheront d'opposer cette jeune puissance à celle de la favorite. Marie-Antoinette et Mme Du Barry seront donc aux prises dès les premiers jours. La Dauphine méprisera cette femme qui est là « pour amuser le maître », et souffrira dans son orgueil de lui voir occuper la première place. A son tour, la comtesse craindra le charme de l'adolescente de qui la grâce ingénue enchante le Roi ; elle peut devenir l'instrument redoutable de la cabale opposée à celle des Barriens, et cela décide la maîtresse à s'intéresser de plus près aux affaires.

Naturellement, elle sera avec Richelieu, ennemi de Choiseul, et soutiendra les intérêts du duc d'Aiguillon, neveu du maréchal. Et cela n'est pas pour étonner puisque la politique qu'ils préconisent, toute de résistance aux prétentions des Parlements, est dans l'esprit du gouvernement personnel de Louis XV. Mme Du Barry prend donc fait et cause pour d'Aiguillon dans les graves incidents de Bretagne, où l'honneur du monarque est aussi engagé.

D'Aiguillon, « le courtisan noir et profond », avait l'ambition tendre et, sans doute, aima-t-il un

moment celle qui travaillait à son élévation. Aussi
a-t-on voulu que le duc et la Dame fussent des plus
intimes, tout comme on l'avait dit de Choiseul et de
la marquise de Pompadour. Les contemporains sans
parti pris savaient à quoi s'en tenir, et jugeaient diffé-
remment l'influence de d'Aiguillon sur la comtesse :
« Il la gouverne moins par un ascendant décidé
sur elle que par la souplesse, les égards et les soins »,
écrivait à Kaunitz l'ambassadeur d'Empire. On peut,
en effet, penser que, pour les charmes fanés du
personnage, la comtesse n'allait pas risquer les honneurs, la fortune et l'affection du souverain. L'amie
« très adroite et toute dévouée à M. d'Aiguillon » ne
fut pas la jeune favorite, au dire de Mercy, mais bien
Mlle Chon Du Barry, sa belle-sœur, qu'elle gardait
auprès d'elle. Celle-ci comprit aussitôt quel appui
essentiel leur serait l'ancien commandant en chef de
la province de Bretagne, grand seigneur habile, déter-
miné, et connaissant par expérience le maniement
des hommes.

Le neveu du maréchal de Richelieu, qu'on s'est
plu à rabaisser, possédait cependant des qualités
d'intelligence, de maîtrise, de persévérance, et l'état
officiel de ses services nous renseigne sur sa bravoure.
Il gagna tous ses grades sur les champs de bataille,
et l'Italie vit ses prouesses quand il était encore
comte d'Agénois. Faut-il dire qu'il combattait en
désespéré, éperdûment épris de cette belle La Tournelle, duchesse de Châteauroux, que le Roi venait de
lui enlever ? A l'attaque de Château-Dauphin, en
Piémont, il fut dangereusement blessé ; « Mme de La
Tournelle fut blessée du même coup », écrit Maure-

pas, « ce qui a un moment contristé le Roi ». Devenu
duc d'Aiguillon et commandant de Bretagne, il
repoussait les Anglais pendant la guerre de Sept ans
et remportait sur eux, en septembre 1758, la fameuse
victoire de Saint-Cast. Sa popularité, alors au
comble, ne devait pas longtemps durer.

En 1764, la province se soulevait contre son gouverneur à propos de taxes repoussées par le Parlement de Rennes. L'arrêt cassé, le Parlement cessait
le service, et toutes les forces du pays, groupées
autour de ses magistrats, attaquaient sans relâche le
duc d'Aiguillon. Le procureur général, M. de la
Chalotais, et son fils, meneurs du tumulte, sont
arrêtés, et avec eux quatre conseillers du Parlement
de Bretagne.

Dans la procédure suivie en 1770 contre M. d'Aiguillon, il n'est pas de crimes dont on ne l'accuse
sans qu'ils soient, d'ailleurs, prouvés. Remplacé dans
son gouvernement par le duc de Duras, il présente
pour sa défense des pièces qui sont brûlées à Rennes
par la main du bourreau. Mais Richelieu lui a
ménagé des entretiens avec la maîtresse, et il va
l'intéresser aux moindres détails de son procès. Pendant les longues heures qu'il reste avec elle, il parle
des Bretons emportés, indépendants, chez qui tant
d'autres gouverneurs ont succombé à la tâche ; il
raconte ses soucis, sa vie désormais déshonorée
par la calomnie, si elle ne consent à lui venir en
aide.

Pour la première fois, dans de graves circonstances, la favorite usera de son pouvoir. Mais encore
faudra-t-il qu'elle compte avec toute l'astuce du

chancelier Maupeou, qui dirigera l'affaire de Bretagne et le plus souvent au gré de ses intérêts. Dans
le ministère, il s'est détaché de Choiseul et semble
prendre à cœur la cause de d'Aiguillon. Il la servira
pourtant de telle sorte qu'à l'issue du débat judiciaire,
Me Linguet, avocat principal de l'ancien gouverneur,
lui écrira : « Quels cruels amis vous avez là, monsieur le duc ! »

Le Roi s'étant décidé au jugement des pairs, toutes sortes de difficultés entravaient la marche du procès. Les exigences parlementaires n'avaient plus de
bornes, l'opinion publique se déclarait contre l'accusé
et le gouvernement ; et « les meilleures raisons
auraient eu de la peine à vaincre la prévention, la
partialité et l'intrigue ». Louis XV indigné ordon-
nait d'anéantir la procédure ; et devant les chambres
réunies, Maupeou, inspiré par le monarque, pro-
nonçait cet énergique discours :

« Le Roi a été étonné qu'une partie des témoins
déposaient des faits étrangers à la plainte, que quelques-uns avaient annexé à leurs dépositions des
arrêts du Conseil et des ordres émanés de son autorité suprême. Ceux qui ont été chargés de l'exécution
de ces ordres n'en sont comptables qu'au Roi ; et
Sa Majesté se manquerait à Elle-même si Elle sou-
mettait à une discussion judiciaire les détails du gouvernement de son royaume. Elle n'a vu dans M. le
duc d'Aiguillon que du zèle pour son service ; Elle a
été convaincue qu'il n'a fait qu'un usage légitime du
pouvoir qu'Elle lui a confié. Mais si Elle lui doit de
le justifier publiquement et d'anéantir tout ce qui
pourrait offenser son honneur, Elle doit à son auto-

Cliché Giraudon

Fête de nuit donnée à Versailles à l'occasion du mariage du Dauphin
et de Marie-Antoinette, le 16 mai 1770.
Partie centrale d'un dessin de MOREAU LE JEUNE

rité de ne pas laisser pénétrer dans le sanctuaire de son administration... »

Tandis que MM. de la Chalotais demeuraient en exil, le duc d'Aiguillon, invité à Louveciennes, était fêté en un dîner présidé par Sa Majesté. Sous la douce lumière des bougies brûlant dans les girandoles d'or, le salon de la comtesse s'animait de brillants convives. Louis du regard ne quittait pas sa maîtresse ; et cependant, il pensait encore à Élisabeth d'Autriche, cette archiduchesse qui jurait ne vouloir que lui pour époux. Dans sa correspondance secrète, il demandait qu'un agent partant pour Vienne prît soin d'examiner la princesse « de la tête aux pieds, sans rien excepter de ce qui lui sera possible de voir ». De même, en ce moment, répondait-il à une lettre de M. de Choiseul, inquiet de l'intérêt porté à d'Aiguillon, par cette page de diplomatie :

Vous trouverez une lettre dans ce paquet-ci, encore de M. de Fuentès [ambassadeur d'Espagne] avec un éloge de vous qui est très juste.

Je commence par M. d'Aiguillon. Comment pouvez-vous croire qu'il puisse vous remplacer ?... Vous faites bien mes affaires, je suis content de vous ; mais garez-vous des entours et des donneurs d'avis ; c'est ce que j'ai toujours haï, et que je déteste plus que jamais. Vous connaissez Mme Du Barry, elle est jolie, j'en suis content, et je lui recommande tous les jours de prendre garde aussi à ses entours et donneurs d'avis ; car vous croyez bien qu'elle n'en manque pas. Elle n'a nulle haine contre vous ; elle connaît votre esprit et ne vous veut point de mal. Le déchaînement contre elle a été affreux, à tort pour la plus grande partie. L'on serait à ses pieds si... Ainsi va le monde.

Elle est très jolie ; elle me plaît ; cela doit suffire. Veut-on que je prenne une fille de condition ? Si l'Archiduchesse était telle que je la désirerais, je la prendrais pour femme, avec grand plaisir ; mais je voudrais la voir et la connaître auparavant. Son frère en a été chercher une et il n'a pas réussi. Je crois que je verrais mieux que lui, car il faudra bien faire une fin ; car très certainement vous ne verrez pas de ma part une dame de Maintenon. En voilà, je pense, assez pour cette fois-ci...

Ces dispositions de Sa Majesté ne l'empêchaient point d'admettre, par grande faveur, le duc d'Aiguillon au voyage de Marly. Ce séjour dans le petit château allait rapprocher davantage la famille royale, et Louis XV n'était pas sans craindre la manière dont la Dauphine et Mesdames accepteraient la favorite.

Les princesses étaient de vieilles filles dont l'épaisse maturité ne rappelait en rien les portraits que Nattier nous a donnés de leur gracile jeunesse. Au couvent de Fontevrault, Mme Sophie, enfant timide, joliment fragile en son adolescence, devenait, avec les années, une fade personne sans volonté, sans pensée, sans passion. Mme Victoire, qui fut la brune délicieuse aux longs yeux troublants, en imposait encore par son grand air Bourbon ; mais de ces charmes disparus, il ne demeurait plus que la bonté. L'altière Mme Adélaïde dominait ses deux sœurs ; et le peintre nous a laissé la jeune silhouette de cette Diane assise au bord de la fontaine. Elle fut la préférée du Roi après la mort de ses aînées, l'Infante et Mme Henriette.

C'était dans le salon du rez-de-chaussée de Versailles, ouvrant à la fois sur le Parterre d'Eau et le Parterre du Nord, que Mesdames de France réunissaient leur cercle intime, et parmi les familiers s'empressait maintenant le duc de Choiseul, qu'elles avaient toujours écarté, surtout depuis le renvoi des Jésuites. Leur commune animosité contre la maîtresse venait de les rapprocher.

Madame la Dauphine allait donc vivre dans ce milieu violemment hostile à la comtesse, et celle-ci, trop avertie pour ne point pressentir l'antipathie de S. A. R., se disposait à prendre des mesures auprès du souverain. Pendant ce court séjour à Marly, elle ne pensa d'ailleurs qu'à se reposer ; on la voyait se promener dans le grand parc d'été où chantait, dans les margelles de marbre, l'eau des fontaines merveilleuses ; au « bosquet de Luciennes » ou au belvédère des « jardins hauts », elle venait rejoindre Sa Majesté. Le soir seulement, elle s'habillait pour assister au jeu de la Dauphine, et celle-ci, irritée des attentions du Roi pour la favorite, racontait à l'impératrice-reine la froideur de ces soirées : « Madame, ma très chère mère, le Roi a mille bontés pour moi et je l'aime tendrement ; mais c'est à faire pitié la faiblesse qu'il a pour Mme Du Barry, qui est la plus sotte et impertinente créature qui soit imaginable. Elle a joué tous les soirs avec nous à Marly ; elle s'est trouvée deux fois à côté de moi, mais elle ne m'a point parlé et je n'ai point tâché justement de lier conversation avec elle ; quand il le fallait, je lui ai pourtant parlé. » Sans doute, il eut été plus digne d'ignorer la maîtresse, comme le répétait à la princesse son auguste mère ; mais, comment, avec les entours qui la pressaient ?

La suite est plus nombreuse au voyage de Choisy et le Roi fait jouer ses comédiens au petit théâtre du château. Un soir, Mme Du Barry, la maréchale de

Mirepoix et la duchesse de Valentinois trouvent prises leurs places du premier rang. La comtesse de Grammont, dame du palais de la Dauphine et belle-sœur de la duchesse Béatrix, s'étant permis des propos très piquants à l'adresse de la favorite, est punie par l'exil. « Son éloignement causa une grande sensation », car elle était au mieux avec la famille de Choiseul. On comprit que la Dame devenait redoutable, et Marie-Antoinette, qui voyait frapper par elle une des charges de sa maison. ne devait pas le lui pardonner.

Après Choisy, la Cour part pour Compiègne où les chasses remplissent la plupart des journées. La comtesse les suit à cheval, dans ce costume masculin de soie grise et de dentelle qu'elle aime à revêtir. Mais le jeu, les soupers, les fêtes lui permettent aussi de déployer ses toilettes féminines, et son bon goût et son élégance de créer la mode à la Cour. Malgré le surmenage, elle est toujours la plus belle, et d'Aiguillon sait le lui dire en ces entretiens où les propos galants se mêlent aux questions d'intérêt. C'est que le Parlement ne cesse pas les remontrances ; il veut la continuation du procès, et essaie d'enlever au duc, comme déchu, le titre de pair de France.

Louis XV a des accès d'humeur que la favorite s'efforce de calmer ; il en veut à cette « multitude républicaine », dont les idées mettent en échec son autorité de roi. Douce et tendre, la comtesse l'apaise, se moque des prétentions des *grandes robes*, des princes du sang, du ministre-duc qui les soutiennent, et excuse le peuple que l'on trompe sur les intentions du souverain. Le peuple, dit-elle, n'a pas d'opinions

politiques ; mais convaincu que les magistrats com-
battent en sa faveur les exigences de l'absolutisme,
il a confiance en eux ; il hait Maupeou ; ses sympathies vont à Choiseul.

En ce moment, à Compiègne, avait lieu entre
Richelieu et le ministre une violente altercation, et le
maréchal, devant toute la Cour, accusa la duchesse
de Grammont de voyager dans le midi de la France
pour exciter à la rébellion les Parlements de Provence
et de Languedoc. « Je dis à S. A. R. que cela avait
toute l'apparence d'une tracasserie..., » écrit à ce
sujet Mercy à Marie-Thérèse ; « Mme la Dauphine
ne m'en parut pas persuadée, sans me dire cependant les raisons qu'elle avait de croire le contraire ;
elle ajouta simplement qu'elle me les dirait dans une
occasion où elle pourrait me parler à son aise. »
Louis XV, désormais, ne douta plus de la mauvaise
foi de son ministre.

En quittant Compiègne, le Roi, la Dauphine,
Mesdames et la favorite s'arrêtèrent à Chantilly où
Condé leur fit une réception magnifique. Mais, alors
qu'on voyait Louis XV tout occupé de Marie-Antoinette, le prince n'avait d'attention que pour la comtesse,
qui savait à quoi s'en tenir sur le désintéressement de
ces assiduités.

Le 31 août, la Cour rentre à Versailles pour les
grands préparatifs du voyage de Fontainebleau. Les
ouvrières en modes, les marchands de soie et de
dentelles vont et viennent dans les appartements de
la maîtresse, qui trouve aussi le temps d'écouter
d'Aiguillon et de recevoir le chancelier Maupeou.
C'est toujours ce procès de Bretagne qui menace la

tranquillité du royaume. « La fermentation est générale », écrit Mᵐᵉ Du Deffand, « tous les Parlements
se donnent la main... Nous sommes accablés de
remontrances, de représentations, de réquisitions,
d'arrêts, de lettres patentes, etc., etc... » Louis XV
se décide à tenir un nouveau lit de justice pour
enlever les pièces de la procédure, et défendre au
Parlement toute menace contre d'Aiguillon. Il n'aver-
tit son Conseil que la veille, à dix heures et demie du
soir ; Choiseul croit pouvoir s'excuser ; il va chasser
le lendemain à La Ferté Vidame, chez le banquier
Laborde ; le Roi s'empresse de lui donner permission
avec ce sourire aimable qui cache si bien son secret.

Cette journée du 3 septembre est une surprise
pour beaucoup de gens. La marquise Du Deffand
raconte à Walpole son émoi, au bruit du canon
annonçant à Paris l'arrivée de Sa Majesté «... Je
voudrais que vous vous contentassiez de savoir qu'il
ne s'est agi que de l'affaire de M. d'Aiguillon. Le Roi
a réprimandé son Parlement, a fait enlever les
minutes, les grosses et toutes les pièces de la procédure, a défendu qu'il ne fût plus jamais question de
cette affaire, et a ajouté à cette défense les plus sévères
menaces, si l'on y contrevenait...»

L'ancien gouverneur de Bretagne paraît avoir
bataille gagnée ; mais rien ne prévaudra contre ce
jugement sommaire : puisqu'on a suspendu le procès,
le duc était coupable, et c'est Mᵐᵉ Du Barry, aidée
de ses partisans, qui a obtenu du Roi la grâce de
d'Aiguillon.

La favorite reprenait à Fontainebleau ses appar-

tements, tandis que Mme la Dauphine occupait la
chambre de la Reine. Mais les fêtes données furent
encore toutes en l'honneur de la maîtresse et le plus
souvent par elle inspirées. Avec le gentilhomme en
année, le duc d'Aumont, et sa sœur, la duchesse de
Villeroy, la comtesse arrêtait le répertoire de la Cour.

« On a ouvert le théâtre à Fontainebleau, samedi
13 (octobre) », écrit Papillon de la Ferté, « par *Arle-
quin et Scapin rivaux* et *Le Bûcheron.* » Un peu plus
tard, on joue « les deux seuls opéras-comiques que le
roi aime », *On ne s'avise jamais de tout* et *Le Devin
du village.* C'est vers la loge de la favorite que pendant
ces spectacles vont tous les regards ; et elle apparaît
merveilleuse en la somptuosité de sa robe de « satin
blanc, rayé, lamé, plissé d'or, formant des ondes »
avec des « bouquets et paillons émaillés de rubis ».

Le 20 octobre, Louis XV et la famille royale
quittèrent Fontainebleau et passèrent trois journées
à Choisy ; le 23, la Cour rentrait à Versailles. Tout
en s'occupant des détails de sa nouvelle installation,
la Dame se tenait au courant des affaires. Initiée par
de bonnes leçons, elle suivait à présent, avec intérêt,
toutes les phases de la crise parlementaire. L'édit du
3 décembre allait être proclamé, et les gens éclairés
se rendaient compte des proportions que prenait la
lutte.

Maupeou, d'accord avec Terray et La Vrillière,
rédige le projet qui est présenté au Roi. Le chancelier
l'explique à la comtesse. Inlassable, il l'instruit, la
dirige, au cas où le souverain parlerait d'affaires dans
l'intimité. Afin d'apitoyer la jeune femme, il insiste
sur les interruptions de service dont souffrent tant

de victimes : les détenus en prison préventive, les plaideurs perdant leur fortune par leurs procès suspendus, et il déplore cet exemple funeste de désobéissance qui depuis si longtemps bouleverse le royaume. Et la voix fragile, la voix enfantine questionne sans fin sur ces graves questions. Ah ! comme la comtesse en veut à ces philosophes de qui les Parlements brûlent les livres, mais pratiquent si bien les idées !

Le préambule de cet édit de décembre est la revendication royale du pouvoir absolu, et tout l'orgueil de Louis XV s'y résume en ces quelques mots : «... Nous ne tenons notre couronne que de Dieu ; le droit de faire des lois par lesquelles nos sujets doivent être conduits et gouvernés nous appartient à nous seul, sans dépendance et sans partage ; nous les adressons à nos cours pour les examiner, pour les discuter et les faire exécuter... Le désir que nous avons de connaître les objets qui pourraient échapper à notre vigilance, nous engagera toujours à les maintenir dans l'usage de nous faire des remontrances... Cet usage qui caractérise un gouvernement sage, qui ne veut régner que par la raison et par la justice, ne doit pas être, entre les mains de nos officiers, un droit de résistance ; leurs représentations ont des bornes et ils ne peuvent en mettre à notre autorité... » Mais les magistrats ne voudront point se soumettre à l'édit, et les remontrances succéderont aux lettres de jussion jusqu'à la chute des Parlements.

A ces discussions de chancellerie qui la passent souvent, la favorite préfère une occupation plus conforme à ses goûts : le choix, la confection de ses

Madame DU BARRY

Buste de J.-B. LEMOYNE, biscuit de Sèvres

toilettes. Chaque jour, c'est une robe nouvelle, et avant qu'elle ne soit achevée que de conférences avec Mme Sigly, la couturière. Les jupons se volantent de blondes, les souliers assortissent leurs gemmes à celles des parures, et les bas de soie sont brodés d'or. C'est ensuite l'achat de raretés pour ses étagères de laques et d'ivoires, les commandes de meubles pour Versailles ou Louveciennes, tels que « ces douze grands fauteuils de gourgourand de soie jaune », qu'on va bientôt lui livrer. Janvier approche et elle choisit, pour ses amis, des tabatières à miniature, des bagues à camée, des « étuis d'agate arborisée ». Elle achète aussi des biscuits de Sèvres, à l'exposition qui se fait à Noël dans les appartements royaux ; ce sont là des présents d'un goût parfait et toujours appréciés.

Mme Du Barry s'occupe en ce moment de la construction du pavillon de Louveciennes, afin que Sa Majesté puisse trouver dans le petit domaine luxe et commodité. Elle n'a jamais en vue que le plaisir du Roi si difficile à satisfaire, maintenant surtout qu'aux soucis du royaume s'ajoute davantage la mélancolie des années, et il a besoin de la jeunesse de cette femme, qui a pris la lourde tâche de le distraire.

Dans la crise qui se prépare et qui va amener la chute de Choiseul, la comtesse ne s'est point bornée à soutenir de ses malices les ennemis du ministre. Dès l'instant où le duc se déclara violemment contre la maîtresse, le Roué osa concevoir le dessein de l'anéantir, et il s'offrit à renseigner le parti de Cour qui travaillait contre lui. Ainsi fit-il agréer, probablement par

CLAUDE SAINT-ANDRÉ. 5

l'entremise de sa belle-sœur, les services d'un homme
qu'elle avait connu rue de la Jussienne. C'était Favier
mêlé comme agent à certaines négociations diplomatiques. Écrivain de mérite, esprit éveillé et souple
qu'aigrissait une situation médiocre récompensant
mal plusieurs missions remplies, Favier était prêt
à fournir aux « Barriens » les armes qui leur man-
quaient contre un ministre habitué à compter auprès du Roi sur sa réputation d'administrateur im-
peccable et de grand politique. Un émissaire, peut-
être le Roué lui-même, vint le trouver à Bruxelles,
au mois de mars 1769, et écrivit sous sa dictée un
précis très complet des faits à reprocher à M. de
Choiseul. Ce mémoire anonyme, rempli d'accusations
et d'insinuations compromettantes, fut l'arsenal où
puisa désormais l'entourage de la comtesse pour la
lutte qui s'engageait.

L'esprit du Roi ainsi préparé, une faute grave de
Choiseul précipite les choses. A propos d'une affaire
sans importance, un différend au sujet des îles
Malouines entre l'Angleterre et l'Espagne, le ministre
s'avise d'approuver le cabinet de Madrid en ses projets
de guerre. Comme la France devra soutenir son
alliée, en vertu du Pacte de famille, Choiseul y voit
l'occasion de se rendre indispensable. La chose peut
devenir sérieuse : « J'en ai dévoilé toutes les conséquences à l'ambassadeur d'Espagne, » écrit Mercy,
« et agissant de concert, je me flatte que nous sommes
parvenus à convaincre le duc de Choiseul de la
fausseté de son calcul. » Mais il est bien tard pour se
reprendre. Louis XV cependant veut le maintien de
la paix ; le Parlement est en pleine révolte ; il ne

votera les frais de l'expédition que si l'on cède à ses exigences. Choiseul laisse entendre que l'exil du chancelier et du contrôleur général rendrait les chambres beaucoup plus traitables; le monarque justement espère que Maupeou et Terray le débarras- seront des Parlements. De son côté, le chancelier déclare que, si Choiseul n'est pas renvoyé, la guerre est inévitable, et qu'il préfère se retirer que de plier devant les magistrats.

Le Roi ayant fait appeler le ministre exige le compte exact de la situation. Le duc avoue qu'à la fin de janvier les troupes doivent être prêtes. Le maître pâle de colère s'écrie : « Monsieur, je vous avais dit que je ne voulais point la guerre ! » Et le 23 décembre, un courrier portait à S. M. Catholique cette lettre du Roi Très Chrétien :

« Monsieur mon frère et cousin, Votre Majesté n'ignore pas combien l'esprit d'indépendance et de fanatisme s'est répandu dans mon royaume. La patience et la douceur m'ont conduit jusqu'à présent, mais poussé à bout et mes Parlements s'oubliant jusqu'à vouloir me disputer l'autorité souveraine que je ne tiens que de Dieu, je suis résolu de me faire obéir par toutes les voies possibles. La guerre, dans cet état, serait un mal affreux pour moi et pour mes peuples. Mais ma tendresse extrême pour Votre Ma- jesté me fera toujours tout oublier pour Elle. Mes ministres ne sont que mes organes ; ainsi quand je me crois obligé d'en changer, rien ne peut apporter de changement dans nos affaires et tant que je vivrai nous serons unis. Si Votre Majesté peut faire quel- ques sacrifices pour conserver la paix sans blesser son honneur, Elle rendra un grand service au genre humain et à moi en particulier dans les circonstances présentes où je me trouve. »

Le même jour, Louis XV écrit la lettre de cachet signifiant à Choiseul sa disgrâce; La Vrillière lui remet ce billet qui l'envoie en exil :

J'ordonne à mon cousin, le duc de Choiseul, de remettre la démission de sa charge de secrétaire d'État et de surintendant des postes entre les mains du duc de La Vrillière, et de se retirer à Chanteloup jusqu'à nouvel ordre de ma part.

A Versailles, ce 24 décembre 1770.

Louis.

Mme Du Barry a donc aidé à la chute du ministre. Lui-même, au reste, hâta sa disgrâce par l'appui qu'il prêta aux Parlements, par les fautes de toutes sortes « que nous lui avons vu commettre », écrivait l'ingrat Kaunitz à Mercy « et comme ministre et comme courtisan, et moyennant cela, j'aurais été beaucoup plus surpris, s'il s'était soutenu à la longue que je ne le suis de sa chute. Dieu veuille seulement qu'il ne soit pas remplacé par quelqu'un qui soit encore plus brouillon qu'il ne l'a été... »

Le lendemain, jour de Noël, M. de Choiseul prenait la route de l'exil. Ces vingt-quatre heures passées à Paris lui furent un vrai triomphe. Les regrets de la foule suivirent cet homme qui avait chassé les Jésuites, soutenu les Parlements, et combattu, semblait-il, au nom de la liberté et du seul bien public.

Mme Du Deffand notait, le 9 janvier 1771 : « On n'a

encore remplacé que le département de la Guerre par un homme dont on dit peu de bien ; c'est le prince de Condé qui l'a placé ; on ne doute point que M. d'Aiguillon n'ait les Affaires étrangères : l'on croit qu'on attend la fin des négociations pour le nommer ; cependant il y en a qui prétendent que le prince de Condé ne l'aime pas. L'abbé Terray se mêle de la Marine, mais par intérim. L'affaire du Parlement se négocie ; on se relâchera de part et d'autre. »

Avec plus d'entrain que jamais, la comtesse préparait les fêtes du prochain mariage de M. le comte de Provence. Cependant, l'argent manquait ; Terray était aux abois ; le service du Parlement toujours en suspens entravait toutes choses. Pour venir à bout de la résistance, il fallait la briser, disait Louis XV ; et Maupeou provoquait l'incident du 19 au 20 janvier, coup de force encore sans précédent. Cette nuit-là, chaque membre du Parlement fut éveillé par deux mousquetaires et sommé de répondre, par oui ou par non, s'il voulait reprendre ses fonctions. Sur le refus de la plupart, le Parlement était cassé par arrêt du Grand Conseil, et l'exil des magistrats s'ensuivait. La surexcitation du public fut extrême ; les pamphlets mentionnèrent à peine la favorite ; l'opinion se rendait compte qu'une telle révolution, nécessitée par l'âpre lutte du siècle entre la monarchie et le Parlement, ne pouvait être l'œuvre d'une femme.

Comme la nomination de d'Aiguillon tardait, on supposait le crédit de la Dame balancé par celui d'une rivale. Mais, en ce mois de février qu'arrivait à Paris

l'héritier du trône de Suède, elle montra bien qu'elle
était toujours en faveur. Le futur Gustave III voya-
geait sous le nom de comte de Gothland ; on le fêta
avec enthousiasme dans les salons parisiens tout
animés des récents événements politiques. Les femmes
se montraient ardentes interprètes des théories nouvelles ; en leurs réunions, transformées en petits
États généraux, elles discutaient les constitutions
fondamentales du royaume et « se faisaient fortes
d'établir des principes de droit public ». Le prince
Charmant, le voyageur « philosophe », fut pour elles
le dieu du jour.

Mme Du Barry partagea l'engouement des belles
discoureuses ; mais, lorsqu'elle reçut l'auguste visiteur, sa coquetterie fut de paraître la plus jolie et
la mieux parée ; elle captiva le prince étranger par sa
grâce, son sourire et sa douce simplicité. Il la voyait
partout, au souper du Roi, à la chasse, aux voyages
de Marly, le 13, et de Choisy, le 22 du mois. Parfois, à l'Opéra, de cette loge où le tenait jalousement
la comtesse d'Egmont, il contempla la favorite scintillante de pierreries.

Au milieu des plaisirs, des fêtes données en son
honneur, l'avisé Gustave n'oubliait pas ses intérêts
politiques, et il prit soin de faire de très près sa cour
à Mme Du Barry. En son brillant incognito, il vint
au petit appartement des combles ; il soupa chez la
favorite et, tout un soir, à elle seule, il adressa ces
gracieux compliments qui lui valurent auprès des
femmes tant de succès. Il offrit un collier de diamants
pour Mirza, la levrette blanche ; et de ces attentions,
beaucoup de grandes dames furent envieuses ; mais en

vain essayèrent-elles de le détacher de la comtesse : chaque année, au jour de l'An, il lui enverra un coffret de gants parfumés.

Tout à la Cour « paraissait brillant et tranquille, quoique la fermentation fût très grande ». Louis XV poursuivait son œuvre ; coup sur coup la magistrature se transformait. En quelques mois, « outre celui de Paris, tous ces fameux Parlements unis, indestructibles, furent, chose inouïe, cassés, fondus, refaits... » comme voulut le Roi. Maupeou crée le nouveau Parlement des éléments de la Cour des Aides et du Grand Conseil supprimés ; il institue les conseils supérieurs, et pour récompenser M. de Boynes, le meilleur légiste de son temps qui l'a secondé dans sa lourde tâche, il obtient, pour lui, le ministère de la Marine laissé vacant par M. de Praslin exilé le même jour que le duc de Choiseul.

Le 13 avril, les pairs et les membres du Conseil, présidés par le Roi, se réunirent en Lit de Justice afin de ratifier les actes du premier magistrat. Les princes du sang protestèrent par leur absence ; seul le comte de La Marche, ami de la favorite, assista à la séance ; mais son père, le prince de Conti, se mettait à la tête de l'opposition parlementaire avec le duc d'Orléans et le fils de celui-ci, le duc de Chartres. Condé, qui ménageait à la fois l'opposition et Louis XV, fut cette fois du parti de ses cousins.

La séance fut ouverte à Versailles, dans la grande salle des Gardes, le 11 avril, au matin. Pour ce coup d'Etat mémorable, l'on avait déployé l'apparat des cérémonies extraordinaires. Sur le trône de velours violet semé de fleurs de lis, Louis XV présidait. Après l'avocat Séguier, Sa Majesté prit la parole et, « sur un ton qui fit trembler » : « Vous venez d'entendre mes volontés, dit-Elle. Je vous ordonne de vous y conformer, et de commencer vos fonctions dès lundi. Mon chancelier vous installera aujourd'hui. Je défends toute démarche au sujet des anciens officiers de mon Parlement. Je ne changerai jamais. »

Mme Du Barry comptait sur l'arrivée de la comtesse de Provence pour s'insinuer dans les bonnes grâces de la famille royale; c'est elle qui formait la Maison de la princesse et, pour donner des charges à toutes ses créatures, le luxe de ce nouveau service fut fastueux comme celui de la Dauphine. « M. le Dauphin en a marqué un peu d'humeur», écrivait Mercy; «il n'ignore pas que cet arrangement prend sa source dans les vues d'intrigue et de prédilection.» Et l'ambassadeur ajoutait que Mme l'Archiduchesse «était plus circonspecte dans ses propos. De longtemps il ne m'est revenu qu'elle ait prononcé un mot sur la comtesse Du Barry et sur ses entours.» Elle était cependant bien préoccupée de la favorite et, au gré de sa mère, beaucoup plus que de raison. Elle disait à l'arrivée de sa belle-sœur : « J'ai bien peur que, si elle n'a pas beaucoup d'esprit et n'est pas prévenue, elle sera tout à fait pour Mme Du Barry. » Ces propos et d'autres inquiétaient l'Impératrice.

Le 11 mai, la Cour partit pour Fontainebleau. « Le lendemain toute la famille royale alla à une distance de deux lieues au-devant de Mme la comtesse de Provence. » La favorite déploya pour les princières épousailles ses grands habits de pierreries. Au sortir de la Chapelle, Sa Majesté reçut le cortège dans son Cabinet. « Le coup d'œil en était beau et intéressant par la bonne grâce avec laquelle le Roi est avec sa famille », écrit le duc de Croÿ ; « sa figure distinguée, sa gaieté et sa joie de marier ses petits-enfants étaient remarquables et il ne paraissait pas son âge de soixante ans faits. » Le jeu du soir fut très animé ; l'assemblée très nombreuse et un peu mêlée ; l'on y vola 200 louis dans la poche de M. de Soubise. « La maîtresse avait grand air, point embarrassée, et était de la partie du Roi où était toute la famille royale. »

« Est-il possible », écrivait Mme Du Deffand à Walpole, « que je ne vous aie pas mandé la nomination de M. d'Aiguillon, qui a été le 5 de ce mois [juin] ? Il donna hier son premier dîner ; il y eut cinquante-cinq personnes. Mme d'Aiguillon, la mère, en fit les honneurs ainsi que sa belle-fille. Tous les diplomatiques sont enchantés de notre grosse duchesse ; en effet, elle est charmante ; sa joie est si naturelle, si simple, si exempte de hauteur, de fausse gloire, et elle est si éloignée d'être avantageuse que tous les différents partis sont contents d'elle, l'estiment, l'aiment et lui veulent du bien. »

Bien qu'attendue, l'élévation de M. d'Aiguillon déchaîna ses adversaires ; on le vit assez par l'attitude du comte de Fuentès, ambassadeur d'Espagne, qui demanda à sa Cour d'être rappelé. Le duc comprit que, pour se donner une autorité morale et un crédit politique, il lui fallait l'appui du parti autrichien.

Aussi, entrant dans les vues de Louis XV et de la
comtesse, tâcha-t-il de conquérir Marie-Antoinette.
Pour cela, il fallait circonvenir Mercy, l'homme de
confiance de l'Impératrice ; et celle-ci allait d'autant
mieux se prêter au jeu du ministre, qu'elle avait de
bonnes raisons pour ménager le cabinet de Versailles, puisque le démembrement de la Pologne
déjà se décidait. De sa grosse écriture, en un français
rude et maladroit, elle morigénera son indocile
archiduchesse qui ne veut point plier devant les
« Barriens ».

« Aucune bassesse », lui dit Marie-Thérèse, « ni
les rechercher, ni les cajoler, mais vous êtes si bien
qu'eux à la Cour et vous devez, comme enfant, encore
plus de soumission à ses volontés [celles du Roi]
qu'aucun autre, sans entrer ou éplucher leur mérite
d'où ils les tirent. Il vous suffit que c'est le Roi qui
distingue une telle ou un tel, que vous lui devez des
égards, point de bassesses. Jusqu'à cette heure, on a
attribué que vous étiez dirigée par Mesdames, mais
à la longue le Roi va s'en ennuyer. » Et ces paroles
sévères de la femme politique venaient de ce que
d'Aiguillon s'était plaint à Mercy de l'hostilité crois-
sante de la Dauphine pour la Dame et ses entours.
La princesse, écrivait l'ambassadeur, « ne se bornait
pas à leur refuser le traitement qui doit être accordé
à ceux qui composent la Cour, mais S. A. R. y joi-
gnait encore des propos de satire et de haine ; cela
attisait l'esprit de parti à la Cour ; d'aillleurs Mme la
Dauphine avait un maintien trop vif et trop enfantin ;
ces circonstances réunies amortissaient le goût et la
tendresse à laquelle le Roi se sentait porté pour

M.me l'Archiduchesse, et il serait bien essentiel de trouver remède à pareil inconvénient. »

Par instant, et à l'imitation de la comtesse de Provence, la jeune Dauphine s'adoucissait : à Compiègne, ce mois de juin, jouant au lansquenet à la table du Roi, « elle parla à la favorite quand les incidents du jeu le comportèrent, et cela de bonne grâce » ; et le jour de la revue royale, on la voyait prendre dans son carrosse la duchesse d'Aiguillon, femme du nouveau ministre.

La favorite ne parlait jamais de sa mère, pour ne point gêner le Roi, comme le fit à ses débuts la marquise de Pompadour ; elle n'en était pas moins occupée d'elle, et M.me Rançon, devenue de Montrabé, possédait laquais et équipages. Avec la jeune femme vivait toujours M.lle Chon Du Barry, son intime ; c'est elle qui tenait sa maison. Pour l'entretien d'un nombreux domestique, pour les cadeaux, les pensions, les aumônes, les commandes aux artistes, surtout pour l'énorme article de ses toilettes, M.me Du Barry dépensait largement la pension que le Roi lui donnait. Cette pension, d'abord de 200 000 livres par mois, s'éleva à 250 000 livres en 1771, puis à 300 000 livres que M. Beaujon, banquier de la Cour, remettait tantôt en espèces, tantôt en mandats acquittés par elle sur la demande de fournisseurs trop pressés. C'était M.e Lepot-d'Auteuil, son notaire, qui administrait sa fortune et réglait ses comptes. Est-il besoin de dire que, malgré des ressources énormes dont elle jouit pendant quatre années, elle fut toujours en dettes ?

La maîtresse, à l'encontre de sa devancière, puisait fort peu dans le Trésor royal en faveur de ses amis. Les témoignages s'accordent pour lui reconnaître une réserve pleine de tact. Le plus exigeant de ses protégés se réclamait d'un intérêt supérieur ; c'était le roi même de Suède, Gustave III. Pour son coup de force contre la noblesse de son pays, il avait besoin de subsides ; c'est à Versailles qu'il s'adressa. L'obligation était dure dans l'état fâcheux des finances; mais la comtesse soutenait le monarque qui avait pour elle tant d'attentions.

La favorite passait alors par des alternatives de calme et d'agitation, de confiance et de crainte. La comtesse de Provence, sur qui les Barriens avaient fondé tant d'espoir, se montrait d'une réserve déconcertante, tandis que son mari, souple et intelligent, flattait tour à tour les partis opposés. Le point stable eût été l'appui de la Dauphine ; aussi était-ce toujours vers elle que la Dame revenait.

Le dimanche 28 juillet, la duchesse de Valentinois, dame d'atours de la comtesse de Provence, donna à Compiègne un grand souper ; Mme Du Barry et Mercy y furent priés. L'ambassadeur s'empressa de raconter l'entrevue à l'Impératrice-Reine : « Je m'y rendis avec le nonce et l'ambassadeur de Sardaigne, qui y étaient pareillement invités. Nous y trouvâmes le duc et la duchesse d'Aiguillon, le duc de La Vrillière, une dame du palais, d'autres dames du service de Mme la comtesse de Provence, et la comtesse Du Barry. C'était la première fois que je me trouvais vis-à-vis de cette femme. L'ambassadeur de Sardaigne lui parla d'abord comme à une personne avec laquelle on est en connaissance ; le nonce marqua beaucoup d'empressement à se mêler de la conversation ; je crus devoir observer plus de réserve et ce ne fut qu'après que la favorite m'eût adressé la parole que je me livrai à causer tout naturellement avec elle. Je reçus de sa part plus de distinctions que n'en avaient éprouvé les autres... » M. de Mercy répétera ces mots bien souvent avec une certaine complaisance, mais prudemment ; au reste, ces relations vont se colorer des raisons du service impérial.

A ce même souper, le duc d'Aiguillon, au nom du Roi, invite le comte à se rendre le lendemain chez la favorite. « Vous savez que je ne suis pas logé ici de façon à le voir en bonne fortune », a dit Sa Majesté, « ainsi engagez-le à venir me trouver chez Mme Du Barry. » « Je n'eus rien à répliquer, » ajoute Mercy ; « j'appris que l'ambassadeur de Sardaigne avait déjà témoigné au duc d'Aiguillon son désir de voir la favorite chez elle, et que les ambassadeurs d'Angleterre, de Venise et de Hollande étaient déterminés à faire la même visite. » Ces réceptions diplomatiques ne font que reprendre une tradition de Mme de Pompadour.

Le mardi, à sa toilette, Marie-Antoinette complimente tout bas Mercy « sur la bonne compagnie » qu'il fréquente. Le même soir, à sept heures, il est introduit chez la comtesse ; elle le reçoit avec toutes ses grâces. Avant l'arrivée de Sa Majesté, elle a le temps de lui exposer ses griefs contre Mme la Dauphine, lui avouant que cet état de choses la peine infiniment. Le Roi entre par un escalier dérobé et, s'adressant au visiteur : « Jusqu'à présent vous avez été l'ambassadeur de l'Impératrice ; je vous prie d'être maintenant mon ambassadeur, au moins pour quelque temps. » Et il se plaint de la jeune princesse et surtout de Mesdames, qui la conseillent si mal. Il demande que S. A. R. « accorde strictement le traitement que toute personne présentée est en droit d'attendre, assurant qu'une conduite opposée occasionne des scènes à la Cour, y échauffe l'esprit d'intrigue et de parti. »

Marie-Thérèse avertie écrivait aussitôt de Schœnbrunn :

Vous n'agissez que par vos tantes... Je les estime, je les aime, mais elles n'ont jamais su se faire aimer, ni estimer, ni de leur famille, ni du public, et vous voulez prendre le même chemin. Cette crainte et embarras de parler au Roi, le meilleur des pères, celle de parler aux gens, à qui on vous conseille de parler ! Avouez cet embarras, cette crainte de dire seulement le bonjour ; un mot sur un habit, sur une bagatelle vous coûte tant de grimaces, pures grimaces, ou c'est pire. Vous vous êtes donc laissé entraîner dans un tel esclavage que la raison, votre devoir même, n'ont plus de force de vous persuader. Je ne puis plus me taire, après la conversation de Mercy, et tout ce qu'il vous a dit que le Roi souhaitait et que votre devoir exigeait, vous avez osé lui manquer ; quelle bonne raison pouvez-vous alléguer ? Vous ne devez connaître ni voir la Barry d'un autre œil que d'être une dame admise à la Cour et à la société du Roi. Vous êtes la première sujette de lui, vous lui devez obéissance et soumission : vous devez l'exemple à la Cour, aux courtisans, que les volontés de votre maître s'exécutent. Si on exigeait de vous des bassesses, des familiarités, ni moi, ni personne ne pourrait vous les conseiller ; mais une parole indifférente, de certains regards, non pour la Dame. mais pour votre grand-père, votre maître, votre bienfaiteur !... Si vous vous abandonnez, je prévois de grands malheurs pour vous : rien que des tracasseries et petites cabales qui rendront vos jours malheureux...

Le théâtre, la chasse, le grand train de vie reprenaient la favorite, et dans l'éblouissement des honneurs, elle oubliait bientôt ses soucis. Pour fêter la nomination de M. d'Aiguillon au ministère des Affaires étrangères, tous les ambassadeurs, sauf ceux d'Espagne et de Naples, donnèrent, l'un après l'autre, un dîner au nouveau secrétaire d'État. A son tour. le 30 septembre, Mme Du Barry l'invitait à Louveciennes, dans son pavillon neuf, ce bijou d'architecture auquel Ledoux mettait la dernière main.

La mère du ministre y assistait, avec Mmes de Mirepoix, de Valentinois, de Montmorency et de Choiseul, cette dernière, parente et ennemie du duc disgracié. Parmi les autres convives étaient le chancelier, les ministres et le corps diplomatique presque au complet. Les exilés de Chanteloup, au courant de toutes les affaires de la Cour, s'indignèrent de la présence chez la « Sultane » de la douairière d'Aiguillon ; et la duchesse de Choiseul, si douce cependant, mais qui adorait son volage mari, écrivait à Mme Du Deffand : « Vous avez beau dire, ma chère petite-fille, Mme d'Aiguillon s'est souillée et je rabats de l'estime ; il n'y a point d'autorité ni de considération qui puisse excuser une infamie. »

Et la spirituelle aveugle souriait, elle qui avait vu tant de choses sous la Régence et sous ce règne, et cette même duchesse inséparable de Mme de Pompa-

dour. Elle communiquait à Horace Walpole : « Nos
confédérés [les Choiseul] sont étrangement scandali-
sés du dîner que la grosse duchesse d'Aiguillon a fait
à Luciennes ; la grand'maman [Mme de Choiseul] dit
qu'elle s'est « souillée ». La crainte qu'elle me paraît
avoir de le céder en chaleur et en animosité aux
dominations (c'est ainsi que je nomme les dames de
Beauvau et de Grammont), la fait tomber dans des
exagérations ridicules et risibles. »

Le 9 novembre, comme dernier spectacle de Fontainebleau, fut donnée une comédie-ballet, *Zémire
et Azor*. Grétry la dédiait à la favorite :

Madame,

Quand on possède si bien l'art de plaire, l'on ne peut
manquer d'être sensible à tous les arts d'agrément, et
puisque ce dernier ouvrage m'a mérité vos bontés, il
devait vous être offert par ma reconnaissance.

Daignez l'agréer, ainsi que le profond respect avec
lequel je suis,

Madame,

Votre très humble et très obéissant serviteur

Grétry.

Le texte de Marmontel rappelait la vieille histoire
de la Belle et la Bête, ce miracle ingénu de l'amour :
Azor, le jeune prince Persan, roi de Kamir, reçut à
sa naissance comme présent de la fée, sa marraine, la
beauté sans pareille. Parce qu'il s'était complu en
ce don magnifique, elle le lui ravit ; et c'est Zémire,
la douce fille du marchand d'Ormus, qui rompra

Souper royal à Louveciennes
Dessin de MOREAU LE JEUNE

le mauvais charme en aimant le monstre qu'il est devenu. La pièce avec ses magiques décors d'Orient se prêtait aux grands effets ; le soir de la représentation, la favorite, ainsi qu'une princesse de rêve, en sa robe de brocard pailletée d'or, sous le diadème constellé, semblait faire partie de la fable harmonieuse.

————————

CLAUDE SAINT-ANDRÉ.

CHAPITRE IV

LA MAITRESSE TRIOMPHANTE

C'EST par la douceur que la favorite garde son ascendant sur le Roi ; l'Europe entière, en ce moment, adule la comtesse ; le Cabinet de Vienne la ménage, les rois de Prusse et d'Angleterre se rapprochent d'elle, et Gustave III, en détresse, espère dans sa protection. A l'orgueil de ce triomphe vient se mêler une joie plus douce : Mme la Dauphine daigne lui adresser la parole lors de sa visite du jour de l'An.

Depuis le mariage du comte de Provence, Marie-Antoinette occupait, à Versaille, l'appartement de la Reine : et dans sa vaste chambre à coucher où se dressait derrière la balustrade d'or le lit à baldaquin, elle donnait ses audiences. C'est là qu'entrait, le 1er janvier 1772, Mme Du Barry accompagnée de la maréchale de Mirepoix et de la duchesse d'Aiguillon. Après les révérences d'usage, S. A. R. dit gentiment en regardant la maîtresse : « Il y a bien du monde aujourd'hui à Versailles. » On ne parla plus chez le Roi que de l'esprit de la princesse. Tandis que le parti dominant exultait, la petite archiduchesse payait cher sa bravoure ; Mesdames tantes étaient furieuses, et la comtesse de Narbonne parlait même de trahison. L'enfant désemparée pouvait cependant écrire à l'Impératrice :

« Madame, ma très chère mère, je ne doute point
que Mercy ne vous ait mandé ma conduite du jour
de l'An, et j'espère que vous en aurez été contente...
Ce serait le malheur de ma vie, s'il arrivait de la
brouillerie entre mes deux familles ; mon cœur sera
toujours pour la mienne ; mes devoirs ici seront bien
durs à remplir. Je frémis de cette idée ; j'espère que
cela n'arrivera jamais et qu'au moins je n'en four-
nirai pas le prétexte... »

Mercy s'empressait de mettre à profit la reconnaissance de Mme Du Barry ; devenu le familier des Petits
Cabinets, lors d'un cadeau de Kaunitz, une boîte
précieuse qu'il montrait au Roi, il saisissait l'occasion
pour vanter, devant la comtesse, les mérites du
ministre-prince. « Je me trouve en bonne position, »
lui écrivait-il, « auprès de la favorite ; elle commence
à m'écouter et ne m'a point compromis sur quelques
petits propos politiques que j'ai hasardé de lui tenir
avec grande précaution, et uniquement pour sonder
le terrain. J'espère tirer parti de cette femme, pourvu
que Mme la Dauphine veuille bien ne point faire
d'écarts. »

L'ambassadeur d'Empire connaissait donc bien
mal Louis XV pour s'imaginer que Mme Du Barry
suivrait une autre politique que celle du maître. On
la voyait, en ce moment, dans l'angoisse des intérêts
si menacés de son protégé Gustave III. « Dans cette
terrible position, mande Creutz à son souverain, voici
les expédients que je propose à V. M. C'est, 1° d'écrire
une lettre très touchante au Roi, une très flatteuse à
Mme Du Barry et une pleine de confiance et d'amitié
à M. le duc d'Aiguillon. Cela est de la dernière

nécessité. » Les lettres écrites font merveille. Creutz tout joyeux annonce à Gustave que « la Dame qui a la confiance du Roi » prend l'intérêt le plus vif aux choses de Suède : « Elle m'en parle sans cesse », ajoute-t-il, « et m'a chargé d'exprimer ses vœux à V. M. »

En soutenant le monarque suédois, la comtesse répondait au vœu secret de Louis XV ; il tenait au maintien du vieil équilibre européen que Catherine et Frédéric cherchaient à rompre à leur profit. Il lui plaisait que Gustave fût maître dans ses États, afin de le voir triompher des ennemis qui le guettaient ; et, pour le sauver du guêpier, il laissait puiser dans le Trésor. Mais, si le Cabinet de Versailles cédait à ses instances, encore pressait-on le jeune souverain de brusquer ses opérations, qui mettraient à néant les convoitises de la Ligue du Nord.

Alors que Gustave III est aux prises avec sa noblesse ambitieuse, Versailles est en joie, tout aux amusements du carnaval. La favorite, reine adulée des fêtes, se surmène au point de s'aliter. Mme de Choiseul écrit à la marquise Du Deffand qu'on craint la rougeole pour la maîtresse ; la vieille aveugle annonce à Walpole, le 17 février 1772, que la comtesse souffre d'un gros rhume ; tout le monde s'occupe de la précieuse santé de la Dame, et les nouvellistes brodent leurs anecdotes. On raconte que, la Faculté ayant décidé « qu'il fallait saigner la malade, celle-ci avait peine à se décider et fit en cela toutes les mines usitées par les jolies femmes ; Sa Majesté, présente au débat, la pressait d'obéir à la nécessité et, comme elle bataillait encore, le Roi lui donna une légère tape. »

La comtesse se laissait donc soigner, heureuse peut-être de ce repos forcé, qui arrêtait un instant le cours fiévreux de son existence. Dans sa robe flottante et blanche, garnie de blonde d'argent « avec des fleurs dans les creux », le pied nu dans la mule de satin, les cheveux épars autour de sa tête pâle, elle était plus que jamais délicieuse. Une de ses femmes faisait la lecture, probablement dans un des nombreux livres d'histoire que La Beaumelle venait de lui acheter. C'étaient les Mémoires de Brantôme, de Bassompierre, de Retz, les journaux des règnes d'Henri III et d'Henri IV, et les *Annales* pour 1768 et 1769 ; sujets d'un intérêt général en ce moment ; Mme de Mesmes écrivait : « M. le chancelier, depuis six mois, a fait apprendre l'histoire de France à des gens qui seraient peut-être morts sans l'avoir sue. »

Mais, si la bibliothèque de la favorite possédait les *Réflexions morales* de Marc-Aurèle, le *Manuel* d'Epictète, il s'y trouvait aussi *Le Sopha, La Nuit et le Moment*, de l'impertinent Crébillon, et les *Baisers* de Dorat, que le vicomte Adolphe venait lire. Puis Mlle Chon jouait sur le clavecin les morceaux pré-férés ; la maréchale de Mirepoix, qui déclamait si bien, au dire de Mme Du Deffand, récitait des scènes de Racine et de Molière et, pendant ce temps, les jolis doigts de la comtesse parfilaient. « Vous savez que la mode est au parfilage, » écrivait la marquise à Walpole ; « tous les présents qu'on fait sont de fil d'or à qui l'on donne toutes sortes de formes : cha-peau, perruque, fruits, souricière, chien, chat, oiseau ;

c'est la folie présente, et qui fait briller le faste et la
magnificence parce qu'on réduit à rien ce qui est
fort cher. »

La santé de Mme Du Barry redevenait florissante,
alors que l'état du Roi inquiétait tout l'hiver. Tant
de soucis obsédaient alors l'esprit de Louis XV! Ce
prince qu'on a dit indifférent, apathique, demeurait
seul, jusqu'à des heures avancées de la nuit, pour
déchiffrer les dépêches diplomatiques de sa politique
occulte ou officielle, pour écrire, de sa main, de
longues pages à ses agents, ses ministres à l'étranger.

A l'autre bout de l'Europe se dénouaient tragique-
ment les affaires de Pologne, qui intéressaient de si
près la politique française, et où l'on s'est plu, sans
raison, à mêler le nom de la favorite. Elle les a suivies
cependant avec émotion, et intercédé un moment
auprès de Louis XV en faveur des confédérés de Bar,
qu'un abandon, malheureusement inévitable, mettait
à la merci des ambitions de trois souverains.

Lorsque d'Aiguillon arriva au pouvoir, il ignorait
les dessous de la situation européenne et le projet du
plan de démembrement déjà arrêté dans l'esprit de
Frédéric. Dès qu'il connut les dangers que couraient
en Orient les alliés traditionnels de la France, il
continua l'incertaine politique de Choiseul en agissant auprès de la Porte pour assurer du secours à la
Pologne. Mais le Roi, tenu au courant par sa correspondance secrète, savait qu'il était inutile d'inter-
venir dans ce drame d'iniquité.

D'Aiguillon cependant obtient du Roi une démons-
tration sur mer. Marie-Thérèse écrit alors à Mercy

ces importantes instructions, où elle se montre inquiète de ce que peut penser et faire Mme Du Barry. Marie-Thérèse avait tort de craindre ; Louis XV ne pensait point à se séparer de sa vieille amie. L'Alliance était son œuvre raisonnable et longtemps préparée, il ne serait pas le premier à la rompre. Le pays se relevait de la guerre de Sept ans, bien des provinces florissaient, le paysan y était heureux, le commerce se développait, tous les arts resplendissaient, et l'Europe reconnaissait l'hégémonie de la France. Le monarque n'allait point exposer la prospérité de son royaume pour un chevaleresque mais vain secours ; il se renfermait dans sa prudence.

Voici qu'arrivait de Suède la plus heureuse des nouvelles : le 19 du mois d'août, Gustave III s'affranchissait de sa noblesse par la révolution royale accomplie en quelques heures. Lorsque, le 17 septembre, le baron de Lieven, le mouchoir blanc au bras, vint à Versailles annoncer la victoire, la comtesse ne contint pas sa joie. Creutz l'écrivait à son souverain, le priant de remercier la favorite ; et Gustave envoyait ce billet :

MADAME LA COMTESSE DU BARRY,

La part que vous prenez à mes succès me les rend encore plus agréables. Le baron de Lieven m'a fait un rapport fidèle des bontés que vous lui avez témoignées, et je vous en remercie sincèrement. Je compte avec confiance sur les sentiments que vous avez toujours manifestés pour moi, et je ne doute pas que je n'aie souvent occasion de vous parler de la reconnaissance avec laquelle je suis très véritablement, Madame la Comtesse Du Barry, etc.

Le succès du jeune monarque devenait pour la France la revanche du dépouillement de la Pologne. Les Prussiens et les Russes ne cachèrent point leur mécontentement. Frédéric, pour ce coup d'État, prédisait à son neveu toute sorte de malheurs, et Catherine, sur un ton dégagé, en une lettre à Voltaire, n'en montrait pas moins de dépit. Elle se moquait de cette nation qui avait perdu, « en moins d'un quart d'heure, sa constitution et sa liberté », et déclarait le Roi de ce pays « aussi despotique que celui de France ».

Mais Voltaire profite de la révolution du Nord pour charger d'allusions sa dernière tragédie, *Les Lois de Minos*. Certains éloges, qui tout d'abord s'adressaient au chancelier Maupeou, vont maintenant au

> Jeune et digne héritier
> Du grand nom de Gustave.

Lekain, sur la demande de l'auteur, déclamait *Les Lois de Minos* chez la marquise Du Deffand, qui rassemblait ses amis pour l'entendre. L'illustre vieillard eût bien voulu qu'il en fût de même chez la favorite ; mais la Cour vivait plus que jamais dans sa tour d'ivoire. Le patriarche de Ferney disait, à ce sujet, à « son ange » d'Argental : « M. le maréchal de Richelieu me mande qu'il le fera mettre en prison [Lekain] s'il n'est pas à Paris le 4 [octobre]... Il vous apportera le code Minos que je lui donnai quand il partit de Ferney. Je suis fâché que Mme la comtesse Du Barry n'ait pas la bonne leçon, car j'entends dire qu'elle a beaucoup de goût et d'esprit naturel. Vous devez le savoir mieux que moi, vous

qui allez nécessairement à la Cour. » La comtesse
cependant, puisqu'il s'agissait de Gustave, s'empressait de lire la « tragédie Crétoise », ce qui ne laissait
pas que de flatter Voltaire.

Le 22 septembre, Louis XV et la favorite se ren-
dirent à Neuilly pour inaugurer le pont nouveau et
assister au décintrement de cette magnifique maçon-
nerie. M. de Trudaine, intendant des finances, pré-
para une grande réception. Tout le monde se porta
à cette fête dont une esquisse d'Hubert Robert, au
musée Carnavalet, a conservé l'aspect pittoresque et
animé. Versailles vint y rejoindre Paris, et les
réjouissances, données en réalité à la maîtresse, firent
murmurer la famille royale que l'on avait eu soin
d'écarter.

Mais la capitale n'était pas seule à la flagorner ; au
mois d'octobre, un navire construit et lancé à
Bordeaux portait le nom de *Comtesse Du Barry*. Le
dessin, signé du peintre Delorge, lui est remis dans
un cadre surmonté de ses armes, avec ces vers :

Vaisseau tu peux sans crainte aller braver l'orage,
Ton nom est Du Barry, tu portes son image ;
De la beauté Neptune aime à porter les fers ;
Amphitrite moins belle a régné sur les mers.

Le départ pour Fontainebleau approchait ; les mar-
chandes de modes livraient à la comtesse ses robes
de spectacle et ses grands habits de gala ; elle avait
arrêté le répertoire de la saison, aidée de Papillon
de la Ferté. « J'étais hier à Choisy », écrit, le 4 octobre, l'intendant des Menus ; « Mme Du Barry m'a
demandé d'ajouter au répertoire de Fontainebleau,

Alphée et Aréthuse, pour la demoiselle Arnould. Je l'ai quittée croyant le répertoire ainsi fixé. Mais, ayant été chez le Roi, Sa Majesté m'a demandé si je n'étais pas venu à Choisy pour quelques variations dans le répertoire. J'en suis convenu. « Eh bien ! pour peu que vous restiez », m'a-t-Elle fait l'honneur de me dire, « vous n'en serez pas encore quitte ! » Et en effet, comme je me disposais à partir, Mme Du Barry m'a envoyé chercher pour me dire que, toutes réflexions faites, elle ne voulait pas de la *Cinquantaine*. J'ai inutilement plaidé la cause de M. de La Borde, premier valet de chambre et auteur de cet ouvrage, devant M. le duc d'Aiguillon. Elle a persisté en disant que, quelque amitié qu'elle eût pour M. de La Borde, elle ne voulait pas s'ennuyer, ni ennuyer les autres. »

Le séjour au palais d'automne s'annonçait des plus heureux. La favorite y pourrait oublier les soucis pour ses amusements préférés, et laisser d'Aiguillon et Maupeou s'entendre « au couteau tiré », comme écrivait l'obligeante aveugle à Walpole. Elle trouvait achevé son salon agrandi sur le bosquet de Diane, où allaient se presser ses fidèles de plus en plus nombreux. « La Dame est toujours triomphante », constatait la marquise Du Deffand, « plusieurs dames se présentent pour grossir sa cour. On les essaye et on en rejette la plupart. Mme la duchesse de Mazarin est à demi-admise, c'est-à-dire qu'elle est comme les doubles au théâtre. La princesse de Kinski a été rejetée ; la princesse de Montmorency s'est retirée depuis qu'on a reçu Mme de Mazarin. »

Aussitôt installée, Mme Du Barry allait, avec la duchesse d'Aiguillon, présenter ses hommages à la Dauphine ; elle avait demandé à Mercy de « lui ménager la meilleure réception possible ». La princesse, mal disposée, eût mieux aimé fermer sa porte sans autre forme ; mais il fallait, toujours pour ménager les intérêts maternels, subir cette nouvelle épreuve ; encore, ce jour-là, eut elle recours aux lumières du ciel et pria-t-elle ainsi pendant la messe : « Mon Dieu, si vous voulez que je parle, faites-moi parler, j'agirai suivant ce que vous daignerez m'inspirer. » Et Dieu lui inspira cette simple phrase, dite d'ailleurs à Mme d'Aiguillon : « Il fait mauvais temps ; on ne pourra pas se promener dans la journée ; » c'était peu, et l'archiduchesse fut déclarée par Kaunitz « mauvaise payeuse ».

Le théâtre de Fontainebleau se terminait cette année par *Tom Jones*, suivi d'un ballet, où Vestris, le fils, dansa pour la première fois. « Le sieur Larrivée ainsi que sa femme ont chanté dans les divertissements. Tout le monde a convenu que, dans l'Europe, il serait difficile de réunir un si grand nombre de sujets d'un talent aussi distingué. » Ainsi parle l'intendant ; bien difficile encore, il eût été de voir plus d'éclat, plus d'élégance, qu'en ce parterre de grandes dames qui assistaient au spectacle du Roi. Parmi elles, en sa robe de « de soie mauve » à paniers guillochés d'or, la favorite, sous son diadème d'améthystes et ses lourds colliers, resplendissait de sa beauté d'idole fragile et magnifique.

Le 17 novembre, la Cour rentra à Versailles. L'appartement doré de la maîtresse était un endroit infiniment agréable pour passer l'hiver, alors qu'on gelait dans les vastes pièces du Château. Cependant, pour les fêtes prochaines qu'elle désirait donner, les réduits brillants des combles ne pouvaient suffire. Elle acheta une maison à Versailles dans l'avenue de Paris. Le fameux René Binet, premier valet de chambre du Dauphin et cousin de Mme de Pompadour, l'avait fait construire en 1751. Ce pavillon assez modeste était entouré de vastes jardins. Mme Du Barry songea à faire bâtir sur une partie du terrain un grand hôtel dont elle demanda les plans à Ledoux.

La comtesse était occupée à ces projets d'installation lorsqu'un incident, d'ailleurs attendu, mit en émoi la Cour et la Ville ; les princes du sang, qui avaient pris parti pour le Parlement exilé, faisaient leur soumission. Condé, depuis sa rupture forcée, cherchait par tous les moyens à rentrer en grâce. Le cordon bleu qu'il désirait pour son fils, le duc de Bourbon, lui en donna l'occasion. Il écrivit au Roi une lettre très humble. Le comte de la Marche, le prince de Soubise et Maupeou se chargèrent des négociations. Le souverain « lui permit de venir le lendemain », écrit la Dauphine à sa mère ; « lui et son fils nous ont fait visite à tous. » Le prince ne manqua pas de se rendre aussi chez la favorite et, quoi qu'il eût négligé ses conseils dans cette affaire, elle le reçut fort bien. Les chansons le traitèrent autrement :

> Pour faire une fausse démarche
> Condé se montre le premier,
> Crainte que son cousin La Marche
> Des hommes ne soit le dernier.

Le père et le fils sont allés chercher le Saint-Esprit, disait l'un ; « il est venu faire ses preuves », disait l'autre.

Ce fut par Mme Du Barry que les ducs d'Orléans et de Chartres se réconcilièrent avec Sa Majesté. Le duc d'Orléans, tout entier au désir d'épouser Mme de Montesson, espérait par la favorite le consentement royal. La marquise de Montesson, de médiocre naissance, se trouvait veuve d'un gentilhomme qui, déjà vieux, l'épousait lorsqu'elle avait seize ans. C'était une charmante femme ; sa longue résistance affolait la passion du premier prince du sang. La comtesse parvint à fléchir la volonté du Roi, qui consentit au mariage sans toutefois permettre à l'épousée de prendre le titre et le nom.

Le premier janvier 1773 amenait en foule les visiteurs chez Mme Du Barry ; elle les recevait avec sa grâce souriante, ayant mis, pour paraître plus belle, une de ces toilettes prestigieuses où les dentelles d'or se mêlaient au brocart. Les ducs passaient et les duchesses, grands seigneurs et grandes dames, tout en falbalas ; puis les ministres, les diplomates, les officiers du Roi, et le cortège empressé des amis et obligés de la comtesse.

Dès l'aube, Louis XV était monté par le petit escalier, pour lui porter ses souhaits de nouvel An. A son tour, elle jetait sur ses épaules le mantelet de soie, posait sur ses cheveux poudrés le chapeau de blonde à plumes blanches puis, avec sa belle-sœur et Mmes de Mirepoix et d'Aiguillon, s'en allait offrir ses vœux à toute la famille royale. Sa Majesté souriait aux visiteuses ; le Dauphin les recevait fort bien ; très aimable, il parla à la favorite, ce qui ne laissa pas que de surprendre car, d'ordinaire, il ne disait rien à personne. Mais, chez la Dauphine, la réception fut différente. Elle ne daigna s'apercevoir de la présence de ces dames que pour accentuer davantage la jolie moue de sa lèvre autrichienne. Il lui semblait avoir assez fait pour la comtesse en plaidant sa cause auprès du Dauphin ; elle s'était donc débarrassée sur lui d'une bonne grâce d'emprunt, et vraiment cet inutile époux pouvait bien lui rendre ce service. Voilà ce que fit entendre la princesse au grondeur et politique Mercy.

La favorite n'était pas précisément enchantée de l'accueil. D'Aiguillon se chargea de dire à l'ambassadeur d'Empire, « qu'il semblait que Mme la Dauphine eût le projet de narguer le Roi par la façon dont elle traitait les personnes qu'il affectionnait le plus ». Marie-Thérèse, effrayée des conséquences de la boutade de sa fille, lui écrivit : « Je ne suis pas contente comme s'est passé le jour de l'An... Il faut le réparer à la première occasion ; le mois de février est bon pour cela comme celui de janvier. Je ne prétends pas trop en exigeant quatre ou cinq fois par an que vous adressiez sans affectation la parole à la favorite, et vous ne sauriez mieux confondre M. d'Aiguillon, si vous ne lui donnez aucune prise sur ce point. » Combien davantage on irritait la Dauphine en accordant à cette femme tant d'importance !

C'est dans son pavillon de l'avenue de Paris que la comtesse rendait au duc et à la duchesse d'Aiguillon la fête qu'ils venaient de lui donner. Quatorze dames sont priées avec quinze grands seigneurs. Papillon de La Ferté se charge des préparatifs : « Nos ouvriers, » écrit-il le 18 février, « y travaillent jour et nuit malgré le mauvais temps qu'il fait. M. le maréchal [de Richelieu] et Mme Du Barry sont dans la plus grande inquiétude que cela ne soit pas prêt pour après-demain. Je les ai rassurés. J'ai été hier au soir à l'Hôtel des Menus pour la répétition qui s'y est faite par les comédiens français et italiens et les sujets de l'Opéra... La répétition a duré jusqu'à deux heures et demie du matin, ayant commencé après le souper que Mme Du Barry avait fait servir dans le foyer. » Tout annonce une fête vraiment royale.

Le surlendemain, à minuit, de nombreux carrosses s'arrêtaient devant le pavillon. Mme Du Barry faisait les honneurs, aidée par Mlle Chon ; et dans la salle du spectacle, jusqu'à l'aube, les torchères d'or brûlèrent parmi les corbeilles de fleurs. Voisenon et Favart avaient composé les divertissements. Une allégorie quelque peu précieuse fut portée sur la scène, *Le Réveil des Muses, des Talents et des Arts.* Elle ne valait que par l'à-propos ; l'Amour y disait :

> En ces lieux Du Barry s'avance,
> Plaisirs, soyez tous ranimés !
> Est-il possible, en sa présence,
> Que des yeux demeurent fermés !

Ces fadeurs avaient la prétention d'être à la fois galantes et mythologiques ; mais, dans un décor de rêve, jouaient Mme La Ruette, Mlles Raucourt et Dervieux, avec Dauberval et Préville ; et le ballet d'*Endy-mion* fut dansé par Vestris. Dans les salons on ne parla plus que de cette fête ; elle fut pendant un mois le sujet des correspondances, le thème des gazettes ; on vanta, on dénigra. Quelques-uns se réjouirent que le Roi n'y eût point paru « ni en cérémonie, ni incognito, ce qui avait mortifié la favorite. » On nota l'invitation d'un seul ambassadeur, le comte de Creutz. Enfin la présence d'une nouvelle venue fut très commentée ; elle aussi faisait défection au parti Choiseul ; c'était la comtesse de Forcalquier, la « Bellissima » de Mme Du Deffand. Mlle d'Aumont s'était montrée parée du grand habit de taffetas blanc, présent de Mme Du Barry ; sa sœur, la duchesse de Mazarin, « a reparti par une paire de souliers brodés de cara, » écrivait la malicieuse marquise, « disant qu'il fallait orner des pieds où tout le monde devait venir se mettre. »

Toute dissipation cessait avec le carême ; ce n'était plus que messes, saluts et sermons. Le prédicateur de la Cour, l'abbé de Beauvais, allait se montrer d'une rigueur extrême ; ce prêtre, d'une éloquence indulgente et douce, eut alors de singulières sévérités. La Dauphine écrivait à sa mère : « Nous avons ce carême un fort bon prédicateur, qui prêche trois fois la semaine ; il prêche la bonne morale de l'Évangile ; il dit bien des vérités à tout le monde. J'aime pourtant encore mieux le *Petit Carême* de Massillon parce qu'il est plus à ma portée. »

Les vérités de l'homme de Dieu ne dépassaient pas l'expérience de la maîtresse ; sur son fauteuil de

Madame DU BARRY et son nègre ZAMOR
Par GAUTIER DAGOTY

M.D.B. X

velours rouge, elle paraissait recueillie et n'en tremblait pas moins ; si Louis XV obtenait les secours de la grâce, la dévotion succédant à l'amour, il renverrait Mme Du Barry. Mais l'affection du Roi demeurait aussi tendre et, par grande faveur, la comtesse allait former la maison du comte d'Artois, malgré le vif désir qu'en avait manifesté Madame Adélaïde.

M. le comte d'Artois, le seul séduisant des trois frères, épousait Marie-Thérèse de Savoie, sœur de Mme de Provence. On annonçait en même temps le mariage de la bonne Mme Clotilde, *gros Madame*, comme on la surnommait, avec le prince du Piémont. Ces deux unions nouvelles entre les Enfants de France et ceux de Savoie inquiétaient l'Impératrice-Reine. « La partie devient forte », écrivait-elle à sa fille ; et Marie-Antoinette promettait toute obéissance pour la tranquillité de son auguste mère.

Le suffrage des gens de lettres n'avait jamais manqué à Mme Du Barry ; en retour, elle leur accordait sa protection. C'était un grand honneur que d'être admis à lire un manuscrit devant elle. La Harpe, qui lui porta sa tragédie des *Barmécides*, ne sut lui plaire ; mais Delille fut plus heureux. « M. de Beauveau, » écrit Mme du Deffand, « m'a mandé que M. des Cars avait introduit l'abbé Delille chez Mme la comtesse ; et qu'en sa présence et celle de toute sa cour, excepté Mme de Mirepoix, il avait récité sa traduction du quatrième chant de l'*Énéide*. L'assemblée a paru contente, ce qui est la valeur d'un *bon* pour la première place à l'Académie. »

CLAUDE SAINT-ANDRÉ.

7

Delille devait toujours rester le « poète » de la Dame.

Peu après, une lettre de Voltaire consacrait les titres d'esprit et de beauté de la favorite, cette nouvelle muse. Voici ce que disait l'épître glorieuse :

MADAME,

M. de La Borde m'a dit que vous lui aviez ordonné de m'embrasser des deux côtés de votre part.

> Quoi ! deux baisers sur la fin de ma vie !
> Quel passeport vous daignez m'envoyer !
> Deux ! c'est trop d'un, adorable Egérie :
> Je serais mort de plaisir au premier.

Il m'a montré votre portrait ; ne vous fâchez pas, Madame, si j'ai pris la liberté de lui rendre ces deux baisers:

> Vous ne pouvez empêcher cet hommage,
> Faible tribut de quiconque a des yeux ;
> C'est aux mortels d'adorer votre image,
> L'original était fait pour les dieux !

J'ai entendu plusieurs morceaux de *Pandore* de M. de La Borde ; ils m'ont paru bien dignes de votre protection. La faveur donnée aux véritables beaux-arts est la seule chose qui puisse augmenter l'éclat dont vous brillez... Daignez, Madame, agréer les respects d'un vieux solitaire dont le cœur n'a presque plus d'autre sentiment que celui de la reconnaissance.

Ces stances courent les correspondances privées et les feuilles publiques ; Mme de Choiseul s'indigne, Frédéric II admire, Louis XV sourit ; c'est pour la favorite le suprême hommage.

La maîtresse goûte alors un moment de repos où l'orgueil du triomphe se mêle à la douceur d'être

aimée. Tous les poètes la chantent ; un auteur dramatique, Sauvigny, qui a composé pour elle quelques jolis vers, se voyant encouragé, met sous son
égide un gros ouvrage dont il annonce dix volumes :
Le Parnasse des Dames. L'auteur s'y propose de
« faire connaître le génie des femmes de tous les
siècles et de toutes les nations ». Dès que le premier livre paraît les courtisans souscrivent en grand
nombre contribuant ainsi au succès désiré par
Mme Du Barry.

Elle reçoit de Meister, qui va fréquenter chez elle,
sa traduction des *Nouvelles Idylles* de Gessner, avec
une dédicace en vers que l'*Almanach des Muses*
s'empresse de publier :

> Que l'églogue au naïf sourire
> Arrête un instant vos regards !
> Comme vous belle sans parure,
> Elle doit tout aux mains de la nature ;
> Comme vous elle a quelquefois,
> Sous l'air d'une simple bergère,
> Charmé les héros et les rois...

Les adversaires, qu'irritait ce concert de louanges,
imaginèrent la plus retentissante des brouilles entre
la jeune femme et son beau-frère. Le comte Jean
aurait fait courir ces couplets satiriques :

> Où prends-tu donc ta fierté ?
> Princesse,
> D'où te vient ta dignité ?...
> Baisse ta tête altière
> Du moins devant mes yeux !...
> Permets à qui t'aime, qui t'aime,
> De t'offrir encor des sabots !...

Mme Du Deffand communiquait l'épigramme aux Choiseul et, sans doute, était-ce la renvoyer à sa source. Le Roué se fût gardé d'attaquer la comtesse, au moment surtout où elle s'occupait à marier le vicomte Adolphe. Le comte Jean avait pour son fils toutes les ambitions ; et on songea d'abord à Mlle de Saint-André, élève de la Présentation, fille de Louis XV et d'O'Murphy, maintenant mariée en Auvergne. Mme de Pompadour avait de même pensé pour son Alexandrine au jeune comte du Luc, né du Roi et de Mme de Vintimille ; mais ces sortes d'arrangements déplaisaient à Sa Majesté. Mlle de Saint-André, très belle, rappelait étonnamment son père. Elle vit, au parloir du couvent, le jeune homme de vingt-quatre ans, d'une distinction parfaite dans son uniforme de mestre de camp de cavalerie. Elle en fut éprise, comme du prince Charmant de ses rêves, et il semble qu'elle ait renoncé avec chagrin au projet qu'on lui avait fait entrevoir. Tôt après cependant, la jeune fille s'unissait au marquis de La Tour du Pin ; et la maîtresse elle-même amena ce mariage.

Celle-ci ou une autre importait peu au tendre neveu, ayant dans l'âme une image que rien ne pourra effacer. Le prince de Soubise proposa une de ses parentes, pensionnaire de l'Assomption, sans fortune, mais de la maison des Rohan. Pour tous les avantage qu'elle en obtenait, Hélène de Tournon accepta d'épouser le vicomte. La favorite faisait donation aux jeunes époux de 200 000 livres dont elle ne payera que la rente. Parmi les toilettes magnifiques qu'elle offrait à la future, celle-ci put choisir sa parure de mariée, qui parfois se portait en couleur. Mais la « robe blanche et argent, blonde d'argent et fleurs d'argent, nœuds et colliers d'argent », était toute désignée.

Le contrat fut signé le 18 juillet, comme l'annonça la *Gazette de France*. Le Roué s'intitulait « Très haut et très puissant seigneur, monseigneur Jean-Baptiste, comte Du Barry Cérès, vidame de Chaalons, comte de l'Isle-Jourdain, seigneur de Bellegarde, Bretz, Garbée, Lassère, Seijaundas, Thil, Maubec en par_tie, Gray et autres lieux, gouverneur de Lévignac, demeurant en son hôtel, rue Richelieu, paroisse de Saint-Roch. » La comtesse dut sourire à tout cet éta-lage de titres ; mais ces formules hautaines faisaient fort bien sur la pièce notariée, où signaient le Roi, le Dauphin, la Dauphine et toute la famille royale. Le 19 juillet, la cérémonie religieuse avait lieu dans la chapelle de Versailles, et la favorite attachait elle-même le nœud d'épée « vert et or, garni de rézeau d'or » qu'elle donnait au nouvel époux.

C'était l'année de l'exposition du Louvre, et le Salon, en septembre, allait une dernière fois s'en-orgueillir de la toile et du marbre représentant la favorite. Drouais mettait les Flores à la mode comme Nattier avait mis les Hébés, et Mme Du Barry usa du travesti allégorique. Son peintre attitré, moins heureux que dans ses premiers ouvrages, donna une déesse trop alanguie au goût des contemporains. Cette Flore de 1773, le cinquième portrait que Drouais faisait d'elle, plut pourtant à Mme Du Barry ; elle le fit reproduire bien des fois pour ses amis. Dès cette année, le peintre porte sur son mémoire :

« Une copie du portrait de Mme la comtesse... retouché d'après nature, pour M. le maréchal de Soubise » ; en 1774, quatre autres copies probablement par Mme Drouais, collaboratrice de l'artiste, furent pour M. d'Aiguillon, Mlle Du Barry, le prince des Deux-Ponts et Mme de Montrabé. Et le landgrave de Hesse-Cassel recevait « une copie du portrait en pied de Mme la comtesse » sous les traits d'une Muse.

Les effigies de la maîtresse couraient donc le monde, mais en France l'œuvre la plus populaire fut le marbre de Pajou exposé à ce Salon. Avec ce morceau est noté sur les comptes du sculpteur : « Un médaillon du portrait de Madame, lequel a été fait pour le pavillon de Louveciennes et placé au-dessus d'une porte. » Enfin, une manufacture allemande, établie au faubourg du Temple, exécutait un buste en porcelaine de grandeur naturelle, d'après un modèle du même maître, dont le premier exemplaire fut donné à Mlle Chon.

Pendant les jours intermédiaires entre Compiègne et Fontainebleau, c'était de courts voyages où le Roi trompait ses continuels soucis : à Saint-Ouen, il passait un jour ; à Louveciennes, une nuit ; à Choisy, le 13 septembre, il assistait au spectacle qu'improvisait la comtesse, un ballet héroïque, *Zenis et Almasie*, dont la musique était, bien que l'auteur s'en défendît, du duc de Nivernais. Le texte, attribué au duc de La Vrillière, fut reconnu par Chamfort, ce « manteau du duc », comme disait Mlle Arnould. Parmi ces nobles collaborations, il n'y eut que les ballets en roture du sieur Laval.

Le 6 octobre, la Cour s'installait à Fontainebleau. Tout en préparant l'arrivée de Marie-Thérèse de Savoie, la comtesse partageait son temps entre le spectacle et la chasse. C'était la dernière fois que la souple chasseresse allait courre le cerf dans la forêt royale. La Saint-Hubert, cette année-là, fut remarquable ; les princesses et la favorite avait revêtu l'habit d'équipage.

« Le 14 novembre, le Roi et la famille royale avaient été au-devant de Mme la comtesse d'Artois à deux lieues de Fontainebleau. Cette première entrevue s'était passée selon les formes d'usage et n'avait eu de remarquable que le vif empressement de M. le comte d'Artois et la satisfaction qu'il témoigna d'abord sur la tournure de la nouvelle épouse. » Mercy faisait d'elle, à sa souveraine, un portrait peu flatteur. La jeune princesse possédait pourtant quelques charmes, malgré un nez assez long et une taille exiguë. Ce fut Marie-Antoinette qui remplaça la « vieille maman » aux fêtes du mariage. Après la cérémonie religieuse et la distribution des cadeaux eut lieu le festin d'usage. « Le jeu des diamants, dont on ne peut calculer la richesse, transportait dans un palais de fées. »

Le bal paré fut éblouissant : « On n'a rien vu de plus beau », écrivait Mme Du Deffand à Walpole ; « Mme de Lauzun a eu le prix de la bonne grâce, de la parure et du menuet; la vicomtesse Du Barry celui de la beauté et de la belle taille; sa tante [la favorite] a beaucoup de partisans et la plupart des hommes la préfèrent à sa nièce. » La reine de ces

fêtes était alors dans l'épanouissement de la trentième
année, et sa grâce blonde supportait sans fléchir le
voisinage des plus jeunes.

Les spectacles se succédèrent. Richelieu, en veine
de malice, scandalisait le Dauphin par une pièce de
son choix, *Don Pasquin d'Avalos* où Monsigny avait
abusé de plaisanteries grossières. C'était pour venger
l'auditoire des insignifiances du *Bellérophon* de Lulli,
rajeuni par Berton, directeur de l'Opéra, et dont la
mise en scène ne coûtait pas moins de cent mille
écus.

C'est pendant ces jours de réjouissance que
Louis XV voyait mourir son plus fidèle ami, le
marquis de Chauvelin. Le 23 novembre, Sa Majesté
soupait chez Mme Du Barry ; quelques intimes étaient
réunis à l'ordinaire et, parmi eux, le marquis. Après
sa partie de whist, Chauvelin « est allé s'adosser à
la chaise de Mme la maréchale de Mirepoix, qui jouait
à une autre table. Il a plaisanté avec cette dame. Le
Roi, qui était du côté opposé au marquis, ayant remarqué de l'altération sur son visage, lui a demandé
s'il ne se trouvait pas mal. Il est à l'instant tombé
raide mort. » Louis cria : « Un prêtre ! l'absolution ! » montrant ainsi la préoccupation religieuse
de son âme. Le prêtre arriva en toute hâte, donna
l'absolution « sous condition » ; et le Roi ne fut ras-
suré que lorsqu'on lui eut dit que le pouls battait
encore et que le mourant avait pu recevoir le sacre-
ment.

M. de Chauvelin avait cinquante-sept ans ; la
diplomatie surtout avait employé ses talents ; il se
contentait, depuis longtemps, d'être le plus affable

des courtisans. Louis XV fut frappé de l'incident, et il en parlait à sa maîtresse avec cette insistance de détail et cette amertume particulière que lui inspiraient les choses funèbres. La favorite perdait un appui, parmi tant d'adversaires ou d'indifférents, et elle pleura Chauvelin avec tous ceux qui l'avaient connu.

Dans le calme relatif de cette fin d'année, Mme Du Barry s'occupa d'organiser définitivement sa bibliothèque en s'entourant des conseils les plus sûrs. C'est chez le duc de la Vallière, où elle était allée admirer tant de beaux livres, qu'elle rencontra l'abbé Rive, le bibliothécaire du duc et un des plus célèbres érudits du temps. Sur la demande de la favorite, il vint souvent la voir, et les avis qu'il lui donna ne furent pas inutiles au développement de sa collection et à la direction de ses lectures.

Elles les interrompait pour des occupations non moins chères. Le nouvel an approchait, et c'était le moment de choisir les étrennes ; elle allait distribuer des porcelaines de Sèvres, des « déjeuners à corbeilles », une cafetière à fleurs chinoises, un « enfant Boucher », des gobelets « avec portrait sur fond doré ». Elle donnait à Sa Majesté « un habit de drap d'argent et de mosaïque ».

Au début de l'année 1774, l'*Almanach de Liége* annonçait de tristes prédictions « à une grande dame des plus favorisées » ; elle devait « jouer son dernier rôle » en avril suivant. La comtesse Du Barry s'effraya du présage, et elle crut modifier ses destins en retirant les exemplaires de la circulation. D'ailleurs, l'année commençait sous de bons auspices.

En sa belle toilette à la d'Artois, elle arrivait souriante dans le cabinet du Roi, le matin du 1er janvier, « avec ses deux dames d'honneur, exactement comme en titre », écrit le duc de Croy : « la duchesse d'Aiguillon et la duchesse de Mazarin ». Les visites à la famille royale eurent lieu sans incident et avec grande aisance de part et d'autre.

Elle reçut à son tour, dans son appartement, ses amis plus nombreux que jamais et, parmi les étrangers, le jeune Fersen, plus tard si cher à Marie-Antoinette. Il avait dix-huit ans alors, et à peine remarqua-t-il Mme la Dauphine; mais il relatait dans son journal : « Le jour de l'An, comme on dit, il fallait aller à Versailles faire sa cour au Roi et voir la cérémonie de l'Ordre du Saint-Esprit. A dix heures, j'étais à Versailles. Après avoir dîné, j'allai avec le baron de Creutz faire une visite à Mme Du Barry : elle me parla alors, pour la première fois. » Il vit en elle la femme distinguée par le plus grand roi de l'Europe, l'amie de son souverain, et la beauté que les poètes célébraient à l'envi.

Louis déclinait; sa santé depuis longtemps fléchissante, la mort qui frappait, presque sous ses yeux, des hommes de son âge exaltaient en lui la piété des Bourbons. Le carnaval s'achevait et les transes annuelles du carême allaient recommencer pour la maîtresse. L'abbé Rousseau ouvrit la station, au jour de la Chandeleur, par un sermon rempli de hardiesse évangélique. Mais l'abbé de Beauvais, nouvel évêque de Sénez, fut d'une autre sévérité. Déjà, au dernier carême, il avait étonné la Cour par la vigueur de sa parole ; il fut tout aussi âpre

tout aussi terrible contre les vices de son auditoire. « Il a prêché le Jeudi-Saint, pour la Cène, devant
le Roi, un sermon extraordinaire, et il a tonné avec
une éloquence toujours foudroyante ; il a dit des
vérités que le lieu seul pouvait autoriser et faire
passer. »

L'année précédente, aux courtisans qui incrimi-
naient le prédicateur, le Roi se bornait à répondre
que « ce prêtre faisait son métier ». Cette fois, profon-
dément troublé, il parlait « du compte effrayant qu'il
s'agira de rendre, un jour, à l'être suprême sur
l'emploi de la vie qu'il nous a accordée en ce monde. »
La comtesse tourmentée sentait prêts à la trahir ses
alliés et ses créatures pour peu que la fortune sem-
blât l'abandonner. Elle n'était plus elle-même ;
Mercy, écarté et mécontent, écrit le 22 mars à Marie-
Thérèse : « Dans ces derniers temps, j'ai eu des lueurs
de quelques manœuvres sourdes contre la favorite...
Le duc d'Aiguillon doit toute son existence à Mme Du
Barry ; mais il n'est pas content d'elle dans les détails
de sa conduite... Elle est d'ailleurs exigeante, incon-
sidérée, et tout cela pourrait donner lieu à des combi-
naisons et à des événements nouveaux ». Louis XV,
partagé entre ses scrupules religieux et ses désirs
coupables, sacrifierait peut-être la favorite si elle
ne savait se défendre. Mais elle s'impose davantage encore à son esprit, à son cœur ; lui fait de sa
douceur quotidienne, de sa tendresse, la chère et
secrète habitude dont il ne saurait s'affranchir. Elle
s'ingénie à le distraire ; chaque semaine les conduit
à Bellevue et à Marly : elle donne à Choisy une
grande fête, et lorsque Sa Majesté ne veut pas quitter

Versailles, les comédiens viennent jouer dans l'appartement de Mme Du Barry.

La terrible quinzaine de Pâques passe; Louis n'approche point de la Sainte Table. La comtesse se reprend à vivre, mais sans abandonner la surveillance de ses entours, car on cherche maintenant à donner au Roi une nouvelle favorite, et la belle Hollandaise, Mme Pater, qu'on prépare pour le rôle, pourrait être dangereuse.

Le printemps venu, le Roi, avant ses grands déplacements, va passer quelques jours dans son nouveau Trianon, délicieux parmi les fleurs. La favorite, comme d'habitude, l'accompagne. Le 27 avril, au matin, il se sent incommodé et n'en suit pas moins la chasse du soir, en carrosse. Au retour, il s'enferme chez Mme Du Barry qui le soigne de son mieux, tout en le rassurant ; mais les douleurs continuent. Pendant la nuit, Sa Majesté fait appeler son premier médecin, Lemonnier, et demande qu'on réveille la comtesse. Elle garde le Roi jusqu'à trois heures de l'après-midi ; personne ne l'approche que son valet de chambre et son premier médecin ; M. d'Aiguillon est d'avis de laisser passer ce malaise à Trianon ; mais d'autre part, la famille royale s'inquiète ; La Martinière, premier chirugien, ordonne le départ pour Versailles.

Le mal empire ; le 29, Sa Majesté est saignée par Lemonnier, qui demande des médecins consultants de Paris. Les courtisans arrivent en foule ; les officiers de garde prennent à son lit l'ordre du Roi, qui parle d'une voix rauque. Au soir, il envoie chercher la favorite par La Borde, son valet de chambre ; tous les assistants sortent, la Faculté seule demeure ; quelques heures après la petite vérole se déclare.

Bien que la malignité publique ait fait courir les pires anecdotes sur la maladie du souverain, et qu'on ait écrit, sous diverses formes, « qu'il n'est rien de petit chez les grands », Sa Majesté allait mourir de la variole noire. Sans crainte de la contagion, avec le dévouement admirable des femmes, Mesdames s'installaient, le jour, dans la chambre de leur père et, la nuit venue, la comtesse, non moins vaillante, prenait leur place.

On cache au Roi sa maladie de peur de le tuer en l'effrayant ; mais on s'inquiète aussi du salut de son âme. L'archevêque de Paris s'est déjà présenté, appelé par les filles de France ; Richelieu l'a éloigné ; et c'est entre les deux partis, dans la chambre même de l'auguste malade, des discussions et des cris. Le duc de Liancourt nous dépeint l'état des choses en quelques lignes envenimées de sa haine pour Louis XV et ses entours. Les uns insistent pour la confession, les autres la redoutent ; le renvoi de la favorite en dépend. Celle-ci, désemparée, s'écrie parfois : « qu'on me laisse m'en aller ! » Puis elle assure « que l'habitude qu'a le Roi de la voir lui fait bien sentir qu'elle est utile. »

Dans l'après-midi du 4 mai, Louis XV, examinant ses mains, s'écrie : « C'est la petite vérole ! Mais c'est la petite vérole ! » Personne n'a le courage de répondre. Au soir, vers onze heures trois quarts, il dit à la comtesse : « A présent que je suis au fait de mon état, il ne faut pas recommencer le scandale de

Metz. Si j'avais su ce que je sais, vous ne seriez pas entrée. Je me dois à Dieu..., il faut que vous vous retiriez demain. Dites à d'Aiguillon de venir me parler à dix heures. » Elle n'eut pas un murmure ; elle se leva pour sortir ; mais, sur le seuil de la chambre, elle s'évanouissait. Toute la nuit, sa plainte retentit. Le matin venu, le duc recevait l'ordre de tout préparer pour le départ de la favorite. Elle montait en carrosse, à quatre heures de l'après-midi, avec ses belles-sœurs et la duchesse d'Aiguillon qui l'emmenait à Rueil.

Le 7 seulement, huitième jour de la maladie, dans la soirée, le Roi se confessait à l'abbé Maudoux qui n'avait pas quitté le chevet de son lit ; le 9, il recevait l'extrême-onction. On l'avait couché sur un lit de camp, au milieu de la chambre, les rideaux ouverts, « et très éclairé par quantité de cierges que tenaient les prêtres en surplis entourant son lit, à genoux ». Sa Majesté « était sans mouvement, la bouche ouverte, sans que le visage fût déformé ni montrât d'agitation, enfin comme une tête de More, de nègre, cuivrée et enflée. » L'évêque de Senlis, debout, disait à haute voix les oraisons, et le chapelain tenait élevé et montrait au moribond un grand crucifix, qu'il lui faisait baiser de temps en temps.

On récitait dans toutes les églises les prières des quarante heures ; le peuple, sous les fenêtres du Château, attendait la proclamation de mort ; mais le souverain n'entrait en agonie que le lendemain, mardi, 10 mai, à onze heures du matin. Il garda tous ses esprits jusqu'au dernier moment. « A une heure, dans le râle, il m'entendait encore », écrit l'abbé Maudoux ; « les médecins le croyaient sans connaissance ; je me levai pour m'en assurer. Je lui dis : « Sire, Votre Majesté souffre beaucoup ? » Il interrompit son râle pour me dire... « Ah ! ah ! ah ! beaucoup ! » Tant que je vivrai, ces trois ah ! ah ! ah ! ne sortiront pas de ma mémoire. Je demande à Dieu de mourir comme il est mort. » A trois heures un quart de l'après-midi Louis XV n'était plus. On ouvrit à deux battants, et « M. le duc de Bouillon, grand chambellan, sortant de la chambre du Roi, s'est avancé jusqu'à la barrière qui séparait l'Œil-de-Bœuf en deux et a dit : « Messieurs, le Roi est mort ! » Là-bas, à Rueil, Mme Du Barry pleurait ; la duchesse d'Aiguillon, obligée de la quitter pour assister à un dîner que le ministre donnait aux ambassadeurs, sanglotait toute la soirée.

La maladie du souverain ayant exigé de très promptes obsèques, elles se firent sans aucune cérémonie. C'était d'ailleurs la volonté formelle du défunt. Le 12 mai, à dix heures du soir, le char funèbre partait de Versailles pour se rendre à Saint-Denis. Il était escorté de « gardes du corps et de pages, en tout trois cents cavaliers avec des flambeaux. »

La nuit même des funérailles, Mme Du Barry, « investie de maréchaussée, » quittait Rueil dans son carrosse pour se rendre comme prisonnière d'État à l'abbaye de Pont-aux-Dames.

CHAPITRE V

MADAME DU BARRY ET LES ARTS

Louis XV mérite mieux, certes, que la réputation qu'on lui a faite ; peut-on ainsi oublier ses jours de gloire et Maurice de Saxe, ses succès diplomatiques et le duc de Choiseul, ses dernières réformes qui bridaient l'intolérable Parlement, et enfin le retour de la Lorraine et l'acquisition de la Corse ? Bien que la question de morale reste entière, qu'était donc sa conduite auprès des mœurs excessives des autres princes, ses contemporains : du cynique Frédéric, du frénétique Ferdinand VI, de la grande Catherine débauchée et régicide ? Au reste, quelles que fussent les erreurs personnelles de Louis, la France gardait la première place parmi les nations, et dans les choses de l'art elle était sans rivale.

Pour peu que l'on connaisse le caractère du Bien-Aimé, on se rend compte qu'il n'y eut pas de « politique des maîtresses » ; mais puisqu'elle n'y fut qu'heureuse, il faut absoudre leur influence dans le domaine du beau. Non qu'elles aient donné une direction particulière au mouvement esthétique de leur temps, ni que leurs conseils aient eu de réels effets sur des êtres vraiment doués ; cependant, elles ont excité l'émulation et soutenu le talent par leurs fantaisies luxueuses, par ce besoin de raffinement, ce

Cliché Goupil et C°

La poursuite, par FRAGONARD

goût des belles choses que les profusions du monarque leur permettaient de satisfaire.

Toute une floraison de grands artistes est née peut-être des travaux distribués par les petites mains des souveraines, des maîtresses royales, des femmes de qualité de Paris et de Versailles. Et derrière la pléïade des maîtres brillaient plus modestement les nombreux praticiens, enfants de ce peuple français, si doué qu'il n'a besoin que de circonstances heureuses pour éveiller son génie. Avec les architectes, les sculpteurs, les peintres, c'étaient les orfèvres, les ciseleurs, les ébénistes, les ornemanistes, tous ceux qui achevaient de parfaire la demeure de la femme.

Chez la grande dame, les recherches allaient jusqu'à l'extrême, surtout dans ces objets les plus familiers de sa toilette : cornets à poudre, boîtes à mouches, étuis à fards, flacons, coffrets à gants, carnets de bal, éventails, bonbonnières, subtiles créations où l'éclat des pierreries jouait sur l'or, le jaspe, l'émail, l'ivoire.

L'idole de ces « temples enchantés » était merveilleusement parée : robes à paniers guillochés d'or, lourds colliers de diamants, aigrettes, bagues, bracelets ; pour une seule travaillait tout un monde. Mais, si elle demandait au talent hommage et tribut, à son tour elle se faisait pour lui dispensatrice de fortune et de gloire. Les reines et les favorites furent toujours de puissantes protectrices, les favorites surtout. La marquise de Pompadour en devint célèbre, et de même la comtesse Du Barry avec autant d'autorité, peut-être, mais avec moins de prétention. Aussi bien ne demeura-t-elle que cinq années en faveur

alors que Mme de Pompadour crut diriger pendant
vingt ans les Bâtiments du Roi, par son oncle,
Tournehem, et Marigny, son frère.

C'est à l'avènement de la marquise que meurt
ce style « rocaille » bien à tort donc appelé *pompadour*. Une réaction se produit alors vers la ligne
plus pure et l'Antiquité de nouveau découverte;
la transformation s'achève sous l'égide de la dernière maîtresse. Les architectes ont ouvert la voie
aux ornemanistes toujours plus lents à prendre parti,
et les fouilles d'Herculanum viennent encore seconder
leur effort. Il y a un style Louis XV très variable, et
par analogie on a créé un style Louis XVI, et même
un style Marie-Antoinette ; « le vocable de style
Du Barry serait plus admissible. »

Le délicieux Petit-Trianon, modèle de l'art
Louis XVI, est du temps de Mme de Pompadour;
du moins les plans lui en furent-ils soumis, en 1762,
par Gabriel; et c'est Mme Du Barry qui l'inaugure,
en 1769. Le château carré, couronné de sa terrasse
à la romaine, est d'une pure sobriété que relève la
grâce des colonnes corinthiennes. Les grandes lignes
du décor intérieur y sont partout « à l'antique », alors
que la verve française jette, en se jouant sur les
panneaux, des fruits pyramidants, des couronnes
de lis, des guirlandes de roses, de renoncules et
de pavots. Car le Cabinet du Roi s'éclaire sur le
jardin botanique du Grand-Trianon, où Claude
Richard cultive des fleurs rares et Bernard de Jus-
sieu les plantes exotiques que le Roi fait venir
d'Orient. Louis XV a la passion des jardins, et
ses fraisiers produisent les beaux fruits qu'aux soupers

l'on voit servir dans les coupes de Sèvres au pied haut de vermeil. C'était, aux jours de printemps, le lieu fait à souhait pour vivre à la tiédeur des parfums, de l'air et de la lumière ; l'été s'écoulait dans les grandes maisons royales, et l'hiver à Versailles où, dans les cabinets des combles, Mme Du Barry s'était aménagé le coin le plus exquis du Château.

Lors du remaniement du palais, quand de nouvelles habitudes demandèrent un moindre apparat, le besoin d'intimité, de «confortable», transformèrent les appartements de Louis XIV. Des changements considérables commencèrent à l'arrivée de Marie-Leczinska, qui trouvait froides et hautaines ces grandes salles de stuc et de marbre. C'est en ce moment que Verberckt décore les « Petits cabinets » du Roi, cette galerie et ces salons sous les toits qui deviendront le logement de la dernière favorite. Dans les panneaux arrondis aux angles, le sculpteur enroula les souples lianes, tandis que J. Caffieri ciselait le bronze doré des cadres et des consoles.

Lorsque Mme Du Barry vient prendre possession de ces jolies mansardes, elle exige des modifications et des embellissements nouveaux. C'est le marquis de Marigny, directeur des Bâtiments, qui ordonne ces travaux, comme il en avait ordonné tant d'autres pour sa sœur, Mme de Pompadour. Bientôt le vernis Martin des anciennes boiseries disparaît sous la dorure, et seule la salle à manger garde sa délicate peinture crème et vert d'eau, pour rompre la brillante monotonie de ces étroites et nombreuses pièces. La chambre à coucher est exactement au-dessus de celle de Louis XV ; sa blanche cheminée de marbre s'encadre de deux pans arrondis, dont l'un dissimule un escalier secret servant au Roi. Des salons suivent ; l'ébrasement profond des fenêtres, qui donnent sur la cour de Marbre, est ruisselant de dorures. La salle à manger s'éclaire sur la cour des Cerfs, ainsi que l'anti-chambre, la salle de bains, la garde-robe de veille, et plusieurs cabinets utilisés par le service. La comtesse relie à ses appartements la bibliothèque que Madame Adélaïde avait à ce deuxième étage.

Au retour de Fontainebleau, en décembre 1770, la favorite pouvait s'installer dans ces charmants réduits que venait compléter une nouvelle salle de bains dont Gobert avait fourni les bronzes et Rousseau la sculpture ; et, dans l'appartement, les meubles de style nouveau allaient suffisamment s'harmoniser avec les décors plus anciens, sans doute, mais dont le « rocaille » restait discret.

La chambre à coucher, d'une recherche de détails vraiment extraordinaire, montrait un lit à quatre colonnes à la manière d'une alcôve qu'eût désirée la Dame, si l'ouvrage trop compliqué n'en avait arrêté l'exécution. Il semblait tout entier de métal précieux, tant le travail du bois, d'un pur modelé, était respecté par l'épaisseur de la dorure. Le sculpteur Guichard et Mme Du Barry elle-même en dessinèrent les lignes droites ; Lanoix en fut l'ébéniste et Gagny le doreur. Les colonnettes cannelées, qu'enroulaient des guir-landes de myrte et de laurier, montaient jusqu'à l'impériale couronnée d'une chute de roses. Sur le marchepied était jeté un tapis de lampas blanc, et un tissu de soie, brodé de bouquets de roses, drapait le baldaquin, les fenêtres, recouvrait le lit et les

treize chaises, dont « une grande pour le Roi »,
ainsi que le décrit les *Comptes* de Mme Du Barry.
La commode de bois blanc satiné était ornée de
cinq tableaux de porcelaine ; elle supportait une
cuvette gros bleu caillouté d'or « aux sujets de
Téniers en miniature ». La porcelaine de France
triomphait encore ici avec le secrétaire « fond vert
et à fleurs ».

D'ordinaire, « il n'était jour » qu'à neuf heures
chez Mme Du Barry. La garde de veille ouvrait les
contrevents dorés, et la jolie dormeuse s'éveillait dans
les dentelles des draps et des coussins. Ses femmes
entraient, la revêtaient d'un peignoir pour la conduire
au bain. Dans l'eau blanchie de parfums, elle écoutait la lecture de son courrier du matin : placets,
notes de marchands, demandes de secours, lettres
d'affaires et d'amitié. Revenue dans sa chambre, elle
mettait un déshabillé de point d'Angleterre, et Zamor
lui servait son café dans une tasse d'argent.

Bientôt après, elle s'installait devant la toilette
roulée au plein jour des fenêtres ; la table dispa-
raissait sous le drapé des mousselines blanches, et
le miroir d'or, ciselé par Rœttiers de la Tour,
s'exhaussait d'une couronne comtale. C'est alors
que le défilé des fournisseurs commençait ; ils attendaient dans l'antichambre, apportant des modèles
nouveaux où l'imagination des ouvriers-artistes
chaque jour tâchait à se surpasser.

Et d'abord entraient les joailliers de la Couronne ;
la favorite avait la folie des perles, des brillants, des
gemmes de toutes sortes dont elle aimait à se parer,
mais qu'elle collectionnait aussi dans de merveilleux

écrins. Les bijoutiers étaient Boehmer, mêlé plus tard à l'intrigue du collier de la Reine, Roüen, qui sera l'un des témoins dans l'affaire des diamants de la comtesse, Lecomte, Aubert, Straz, qui présentaient des chaînes d'émeraudes, des bracelets de perles, des parures de rubis, « un grand corps en diamants montés à jours, composé de la pièce de corqs, des épaulettes, des quatre tailles et du nœud des cheveux », des bagues innombrables, des pierres gravées, camées ou intailles, des pendentifs, des girandoles de diamants, des souliers de perles. Lorsqu'on lit la liste des joyaux que cette femme a possédés, c'est comme une fatigue éblouissante.

Après les bijoux, les grosses dépenses de la comtesse consistaient en toilettes, robes sur le panier, robes sur la considération, polonaises, grands habits de velours et de drap brodés d'or et d'argent. Avant que ne parût la célèbre Bertin, M\u02b0\u1d49\u02e2 Sigly et Pagelle étaient ses couturières. Plusieurs ateliers s'employaient à confectionner jupes, manteaux, linge de mousseline et de linon.

C'est dans l'art de s'habiller que M\u1d50\u1d49 Du Barry donnait toute la mesure de son goût, toute l'ingéniosité de sa coquetterie. Elle inspirait la mode; la poupée, qui chaque mois partait de Paris pour initier l'Europe à nos élégances, portait la dernière création de la favorite. Nulle avant elle n'aura su aussi bien se parer, nulle après elle. Ainsi la voyait-on, au mariage du comte d'Artois, vêtue d'un grand habit aux tons si doux dont chaque détail fut imaginé par elle. Il était « de satin blanc chiné en argent, les réseaux d'argent brodés en paillons verts et roses » ;

le corps brodé de petites roses, ainsi que les bracelets, le tour du cou, la palatine, les pompons.
L'éclat des joyaux s'harmonisait avec cette merveille,
du diadème d'opales aux hauts souliers d'argent.

Les coiffeurs de la favorite étaient Nokelle, pour
les spectacles, et Berline, pour l'ordinaire ; celui-ci
entrait avec Vigier, le parfumeur ; et comme l'heure
avançait, les courtisans arrivaient, prenaient place
autour de la table enrubannée, d'où les prestes
femmes enlevaient la cuvette et l'aiguière de cristal.
La comtesse répondait aux compliments, aux mots
d'esprit, écoutait les racontars, riait de son rire
d'enfant et, quand ses beaux cheveux s'étageaient
tout blancs sur sa tête mutine, elle poudrait son
visage ; puis, avec un petit couteau d'or, elle enlevait
soigneusement la poudre. Du bout du doigt, elle se
« barbouillait d'une pommade foncée prise dans
un pot de porcelaine, ses joues devenaient rouges et
s'avivaient encore du fard de six autres pots placés
devant elle. » Des étuis de vermeil, fermés d'un dia-
mant, contenaient le bleu des veines, le noir des
sourcils et des paupières, le carmin des lèvres, le rose
des ongles. Lorsque le Roi entrait, les flacons ouverts
répandaient dans la chambre leurs parfums mélan-
gés ; et les courtisans s'en allaient ; la première femme
de chambre mettait à la Dame une robe « sur la considération », car, après le dîner, elle montait en carrosse pour la promenade et les visites.

La maison de la comtesse, très nombreuse, avait
sa grande livrée aux couleurs écarlate et or ; la petite
livrée, chamois et argent ; les porteurs des belles

chaises mettaient l'habit écarlate et argent ; lorsque
Mme Du Barry en descendait pour se promener dans
le parc, Zamor tenait la traîne de la robe et
présentait le parasol ouvert. L'enfant noir, qu'elle
aimait tant, revêtait le plus souvent le costume de
hussard « cannelé rose, garni argent ». Parfois,
délicieusement déguisé, il n'était que rubans, pail-
lettes, perles et dentelles ; elle le couvrait de bijoux,
pendants d'oreilles, bracelets, colliers ; elle le parait
comme une idole.

Pour installer ses équipages à Versailles, la
comtesse eut les écuries de l'hôtel de Luynes où
ses gens aussi logeaient. Les piqueurs Delorme et
Duplessis achetaient les chevaux à Londres. La
Vallée peignait ses carrosses et ses chaises à
porteurs, si joliment décorées de ces étroits panneaux qui enfermaient dans leur rectangle des scènes
galantes ou pastorales. Il se trouvait parmi les voi-
tures, un « vis-à-vis » d'un art si parfait que la favorite ne l'utilisait guère. Etait-ce vraiment, comme on
l'a dit, un présent du duc d'Aiguillon ? Cette merveille
répondait si bien au goût de la jeune femme, qu'il
semble qu'elle en ait elle-même trouvé le minutieux
détail. « Des emblèmes ingénieux étaient surmontés
d'une guirlande de fleurs en burgos, la plus belle
chose qu'on ait pu voir de ses yeux, » et le
Boulez s'inscrivait sous les armes.

Au retour de la promenade, la comtesse changeait
de toilette pour recevoir ses familiers dans le salon,
où les deux grands canapés, les dix-huit chaises et
celle du Roi étaient du dessin de Guichard, dorés par

BETZI, nièce de Madame DU BARRY
Par DROUAIS
(Collection de M. Edgar Stern, Paris)

Cagny. On faisait de la musique chez la favorite ; Clicot avait organisé pour elle un forte-piano anglais, avec flûtes et galoubet, un mouvement pour le luth et deux autres pour les cymbales ; souvent on roulait dans le salon, l'étroit clavecin ; mais la harpe était l'instrument préféré de la comtesse, qui prenait des leçons assidues du maître harpiste Hochbrucker. On voyait encore dans ce salon, « sur un des côtés, une superbe commode d'ancienne laque, le panneau du milieu à magots très richement habillés, et de l'autre côté, une autre belle commode ornée de cinq morceaux de porcelaine de France à fleurs et filets d'or. » Au-dessous du grand lustre de cristal de roche se dressait une table ronde entièrement décorée ; le tableau du milieu réprésentant une miniature par Leprince. Cette table, que l'on possède encore, est dans l'art de la porcelaine le morceau « le plus hardi et le plus parfait qu'on ait produit ».

Les peintures aux fines bordures égayaient les murs, répétées par les grandes glaces, cette innovation de l'époque qui remplaçait les trumeaux lourds et figés. Le thé servi sur un guéridon de porcelaine, d'argent et de bronze, la conversation se prolongeait légère, enjouée jusque dans les plus arides sujets. Les questions scientifiques étant à la mode, un jour qu'il s'agissait des effets du mercure employé en médecine, la comtesse se renseignait. « Il est bien heureux qu'elle ait son innocence mercurielle », observait cette mauvaise langue de Mme de Luxembourg.

A l'heure du Conseil, quand le Roi la quittait, Mme Du Barry donnait ses audiences particulières. Puis elle s'occupait de sa longue toilette du soir, et après souper, Louis XV tenait le jeu chez elle si le spectacle n'avait pas lieu. C'était dans un deuxième salon où l'ameublement présentait encore la complète expression du style nouveau. Un trictrac d'ivoire se trouvait « enclavé dans une table de bois de rose marquetée, garnie de bronzes dorés ». La grande boîte de jeux, doublée de tabis bleu galonnée d'or, renfermait quatre boîtes à quadrilles en ivoire incrustées d'or. Les autres tables étaient en bois de rose recouvertes de velours vert : une de vingt-un, une de tri, quatre de piquet, et une autre avec un jeu de bois de rose.

Le Roi et la favorite avaient pour partenaires habituels les ducs de Duras, de La Vallière, de Laval, de Cossé, les princes d'Hénin, de Soubise, le comte de Broglie, le marquis d'Entragues ; et parmi les femmes, cette enragée de trictrac, la maréchale de Mirepoix, et Mmes de Talmont, de Valentinois, d'Aiguillon, de Montmorency. C'est là, appuyé sur la chaise de la « petite maréchale », que mourut subitement, un soir, le marquis de Chauvelin le plus aimable des Français au dire de la marquise Du Deffand, qui s'y connaissait. Les dettes de jeu de Mme Du Barry, inscrites sur ses livres de comptes, nous renseignent sur les fortes parties engagées chez elle ; d'ailleurs, cartes et jetons étaient la fureur du siècle.

Malgré ses multiples occupations, la favorite trouvait le temps de se tenir au courant des choses littéraires. Elle aimait à lire ; dans sa bibliothèque, les ouvrages élégamment reliés étaient disposés dans des armoires vitrées. La pièce meublée de six cabriolets ovales, où aux branches de myrte se mêlaient les roses d'or, avait au fond d'une niche, qu'on voit encore, un canapé surmonté d'une longue glace encastrée dans la boiserie.

Parmi les nombreux volumes conservés, certains, de maroquin rouge dorés sur tranche, portent aux plats les armes et le cri des Du Barry ; quelques-uns sont fauves et armoyés sur le dos ; d'autres sont de maroquin vert et plus délicatement ouvragés, moins cependant que le merveilleux *Chansonnier* tout en dentelle d'or. La comtesse profitait des jours de repos pour s'adonner à l'étude de l'histoire ; plusieurs livres de ce genre apparaissent chez elle. On y trouvait aussi l'*Iliade,* les *Métamorphoses. l'Ane d'or.* les œuvres de Marot, de Villon, de Montaigne, les *Pensées* de Pascal, sans oublier ces éditions des petits poètes du xviiie siècle qu'ornent les figures d'Eisen, de Gravelot, de Moreau le jeune ; tout cela voisinait avec les œuvres de Montesquieu, de Voltaire, de Rousseau. Les romans aux gravures licencieuses trouvaient place à côté de *l'Essai Philosophique* de Locke ou de *La Recherche de la Vérité* ; on pouvait lire encore au courant des titres : *Rouge végétal à l'usage des Dames.*

Tel était le logis de la favorite dans ce pompeux Versailles où chaque heure avait son étiquette. Mais il fallait à Mme Du Barry une demeure née de son rêve, dont elle-même aurait tracé le plan, inspiré l'ordonnance, imaginé les détails, une « folie » où le besoin de créer aurait donné toute la mesure de sa fantaisie, tout l'original de son caprice ; et comme Sa Majesté lui accordait, à vie, le petit château de

Louveciennes, tout de suite elle faisait édifier le blanc
pavillon des jardins.

Sur la terrasse à pic dominant la Seine, on vit
se dresser, comme d'un temple romain, l'harmonie
de ses lignes antiques. C'est l'architecte Ledoux qui
fut chargé de ce délicat ouvrage. Le pavillon carré,
haut de vingt-cinq pieds, s'éclaire de face par cinq
fenêtres et par trois sur les côtés ; le péristyle est
surmonté d'une coupole intérieure finement travaillée. Un admirable bas-relief, par Lecomte, orne le
fronton : c'est une bacchanale, d'une grâce toute
païenne, où des enfants, groupés en demi-cercle,
jouent avec un bouc sur des jonchées de roses.

La construction, commencée en décembre 1770,
s'acheva en janvier 1772. L'intérieur fut divisé en
trois salons et un vestibule servant de salle à manger. Le ciseleur, Jacques Gouthière, fournissait les
ornements de bronze ; ses souples entrelacs de laurier, de myrte et de roses allaient fleurir le petit
pavillon. Et c'est là qu'on aurait pu étudier, en son
élégante préciosité, ce que l'ornementation du siècle
avait de plus accompli ; de la serrure d'une porte au
chambranle des cheminées tout était merveille de
goût, dessin rare, exécution parfaite. Le mémoire de
l'artiste indique, pour le vestibule, un « feu » qui rappelle la frise du pourtour ; des ornements de myrte
aux angles des portes, dont la serrure est en rais-de-
cœur ; et aussi quatre demi-lustres en bronze et cristal placés devant les glaces ; ils accompagnent les
flambeaux d'or, tenus par quatre femmes de marbre,
œuvre de Pajou et de Lecomte.

Moreau le jeune a évoqué dans une clarté scintillante un souper donné à Louveciennes. Le dessin de cette délicieuse aquarelle du Louvre paraît froid, peut-être, tant la précision est minutieuse du pavé de marbre quadrillé aux tribunes dorées réservées d'ordinaire aux musiciens et occupées, ce soir-là, par des invités de la comtesse. Le grand couvert est servi avec l'étiquette de la Cour; Louis XV préside; l'artiste a nettement marqué son beau visage bourbonien, sa mine hautaine et triste. A sa droite est Mme Du Barry en robe de satin blanc décolletée très bas sous les colliers de perles, sa petite tête rejetée en arrière par ce geste de fierté qui n'enlevait rien au charme de sa douceur. Tout autour de la table sont assis grandes dames et cordons bleus : Richelieu, à la verve étourdissante, d'Aiguillon galant et réservé, Maupeou caustique, Chauvelin aimable, et parmi tant d'autres, le tout jeune vicomte Du Barry, qui ne voit dans l'essaim joli des femmes que la favorite, sa tante toujours aimée.

Les laquais circulent avec peine dans la foule des curieux ; les gens de la comtesse, en grande livrée, sont aidés par les gardes-suisses, en uniforme d'ordonnance, tricorne sur la tête et l'épée au côté. Morin, le factotum, dirige le service ; Zamor est là, petit page noir en costume rose ; et Mirza, la levrette blanche, présent de l'abbé Delille, pour laquelle Gustave III donna un collier de brillants. Avec le surtout fleuri qui orne la table, on a posé les précieux candélabres parmi les plats montés, chefs-d'œuvre de Salanave, officier d'office de la favorite. La vaisselle d'or, ciselée par Rœttiers de La Tour, alterne avec le service de Sèvres, où « de petites fleurs en guirlandes, du dessin de Saint-Aubin, forment le chiffre du milieu ». Les couverts de vermeil portent des chutes de roses et les armes en relief.

Grâce à son décor, le salon carré faisait aisément salle de spectacle. Gouthière y avait jeté sa floraison de bronzes le long des chambranles et des feux, ses guirlandes aux bras et aux embrasses, ses bouquets aux espagnolettes, serrures et boutons. Cagny avait fourni les chaises blanches, les chaises d'or et les douze grands fauteuils ; l'ottomane représentait, en ses six grands médaillons, « la scène des moissonneurs » ; et les dessus de portes étaient de Fragonard. C'est dans ce salon que Louis XV, au retour des chasses de Marly, venait parfois se reposer. Les larges baies ouvertes sur la campagne laissaient apercevoir, estompée dans le crépuscule, la colline de Saint-Germain ; les dernières sonneries du cor ajoutaient leur mélancolie à l'heure indécise ; le Roi aimait ce grand silence et cette poésie.

Des deux salons plus petits, celui de droite avait une cheminée à colonnettes de bronze et d'or entourées de branches de myrte, avec des roses sur la frise et les traverses. Il s'ornait surtout de quatre compositions de Vien. Mme Du Barry avait chargé tout d'abord Fragonard de le décorer ; en 1771, elle faisait sa commande à l'artiste et elle-même l'inspirait. Et ce fut sur la toile la plus chaste des idylles, dans les parcs bleus, près des buissons de roses. La note est douce, tendre, l'amour est passé là, et le sentiment l'emporterait peut-être si, sur un socle au-dessus des eaux jaillissantes, n'apparaissait le dieu du siècle, l'Enfant ailé, Eros sceptique et moqueur. C'est

le grand ouvrage de Fragonard et, sans doute, la
plus belle série de peintures décoratives du xviii^e
siècle. Mais la Dame et l'artiste se brouillèrent ; il
garda ses toiles, et Vien, « le sectateur des Grecs »,
devait recommencer l'ouvrage et sur le thème déjà
donné à Frago : *Le progrès de l'amour dans le cœur
des jeunes filles*. Mais ce ne fut plus l'œuvre de grâce
et de lumière ; les froids sujets classiques, au nu
conventionnel, annonçaient déjà l'école de David.

Le troisième salon, tout en miroirs, avait un plafond de Briard, *les divertissements champêtres* ; et les
mouvants panneaux de glace reflétèrent souvent les
scènes précieuses de la comédie de Cour : grandes
dames assises dans les fauteuils d'or, courtisans
empressés galamment penchés sur elles, jolies mines
de coquette, rires derrière l'éventail tandis que
Zamor et Mirza jouent parmi les traînes de brocart.

Le pavillon achevait de s'édifier dans les jardins
pendant que le château de Louveciennes s'aména-
geait également suivant les désirs de la comtesse.
Après l'exil, qui suivra la mort de Louis XV, jusqu'au jour de l'échafaud, ce sera la seule demeure de
Mme Du Barry. Elle date de Louis XIV qui la fit
bâtir pour le baron de Ville, gentilhomme de Liége,
constructeur de la machine de Marly.

Mais le petit château était en si mauvais état que
la favorite demanda des réparations et aussi des
créations nouvelles : des salles pour les officiers,
des chambres pour les femmes, des bains, des
communs, une orangerie. A la suite de l'orangerie
se trouve la chapelle dorée et blanche où se célè-

brent les mariages des gens du château, et les
baptêmes de leurs enfants. Un récollet de Saint-
Germain vient officier tous les dimanches. On a,
dans les comptes de Mme Du Barry, l'énumération
des ostensoirs, calices, ciboires, burettes d'or à
l'usage du service divin.

A la mort de Louis XV, Montvallier, intendant
de la comtesse, fera transporter à Louveciennes les
meubles et les objets précieux de l'appartement de
Versailles ; et les richesses artistiques, d'année en
année, augmenteront encore. Ce n'est point, d'ailleurs, la profusion des galeries d'un financier : tout
ici est choisi, parfait et rare. En l'harmonieux
ensemble, synthèse de l'art du siècle, chaque objet
impose sa valeur, dégage sa propre vie. Ils sont,
dans l'œuvre féconde et glorieuse de l'époque, ceux
dont la grâce légère, la vie, le sentiment répondent
plus particulièrement à la sensibilité de la jeune
femme. Le temps de sa faveur fut un des plus jolis
moments de la peinture au XVIIIe siècle, qui eut de
si jolis moments.

Au château de Louveciennes, nous retrouvons
Fragonard avec quatre dessus de portes de la salle à
manger : *Les Grâces, l'Amour qui embrase le
monde, Vénus et l'Amour,* et enfin *La Nuit.* Et
sans doute est-ce, de tous, l'artiste qu'elle préférait,
celui qui faisait revivre le rêve de Watteau, l'intimité de Chardin, la sensualité de Boucher, et tout
l'esprit et la volupté du siècle. Dans les appartements
dominait le goût nouveau tourné vers la nature,
avec une ruine d'Hubert Robert, une marine de
Vernet ; et Greuze était représenté par *La Jeune*

Cliché Tallandier

La petite LAROQUE de Louveciennes,
peinte pour Madame DU BARRY par DROUAIS

(Collection de M. Edgar Stern, Paris)

fille à la cruche cassée, maintenant au musée du Louvre.

Dans les cadres à trophées, enguirlandés de myrte et de roses, l'effigie de la comtesse souriait : Flore, Muse, élégant cavalier, portraits de Drouais dont la série, plus tard, sera continuée par Mme Vigée-Le Brun. Le peintre attitré de la favorite était bien plus l'héritier de Nattier que de La Tour ; mais la grâce superficielle de son pinceau, le coloris délicat de sa palette, la préciosité raffinée de sa facture avaient plu à Mme Du Barry. Comme on l'a vu, il exposa le portrait de la maîtresse à chaque Salon du Louvre ; sa femme et ses élèves l'aidèrent pour les répliques, qui furent nombreuses.

Une des plus piquantes effigies de la favorite fut peinte, en 1771, par J.-B.-A. Gauthier-Dagoty le fils, qui la grava ensuite en noir et en couleur. Il nous montre la jeune femme assise devant la table de toilette, et Zamor lui portant son café. Elle est toute blonde, dans un large peignoir blanc s'ouvrant sur une jupe rose. Ses mains, hors des engageantes de dentelle, tiennent d'un geste maniéré une tasse d'argent. Coiffés à boucles, ses cheveux tombent en trois lourds rouleaux que reflète la glace posée sur la table drapée, et l'on se demande par quel prodigieux effet d'optique cette image peut être perçue par le miroir.

Drouais peignit encore, pour la comtesse, sa nièce chérie Betzy embrassant un chat ; Betzy jouant du triangle ; Mlle Luxembourg couronnant la levrette Mirza ; Zamor, et un petit enfant, fils du concierge de Louveciennes ; et elle gardait une toile du même artiste, représentant Marie-Antoinette dauphine.

La galerie des tableaux de Mme Du Barry comprenait des œuvres commandées par elle, ou achetées en son nom. M. de La Borde, premier valet de chambre du Roi, lui rapportait des peintures d'Italie ; le marquis d'Arcambal lui acquérait, d'un seul coup, plusieurs morceaux de valeur. La vente Choiseul lui procura aussi quelques jolis tableaux. Et elle payait vingt mille livres le fameux *Charles Ier*, de Van Dyck, du cabinet Crozat de Thiers ; « un portrait de famille », avouait-elle en souriant ; et de fait, par les Barrymore, les Du Barry s'alliaient aux Stuart. Les inventaires de l'époque révolutionnaire indiqueront encore un grand nombre de peintures au château de Louveciennes. Elle avait de Boucher, une pastorale ; de Pierre, une bacchanale ; de Casanova, une scène rustique ; de Vernet, une marine ; d'Hubert Robert, des ruines. Les écoles flamande et hollandaise étaient représentées par un intérieur de Van Ostade, une guinguette de Téniers, un paysage de Jean Wynants, et une femme nue de Cornélis Poelenburg pudiquement voilée « d'un rideau de taffetas vert ». Comme on est loin, quand on lit cet essai de catalogue, des tableaux licencieux qu'on a gratuitement prêtés à Mme Du Barry.

Les statuaires français, plus que les peintres encore, sont l'honneur du xviiie siècle et des témoins tout aussi précieux. La sculpture contemporaine était brillamment représentée à Louveciennes ; quelques morceaux, chefs-d'œuvre de tradition, révèlent aussi cet esprit, cette grâce nuancée qui appartiennent à l'époque.

Avant que la comtesse fût dame de la Cour, aux premiers jours de 1769, Lemoine taillait dans le marbre le buste de la favorite, ce buste d'une séduction pénétrante que reproduira Sèvres et dont un seul exemplaire nous est connu. Il semble avoir inspiré Pajou dans ce merveilleux morceau de 1773 qu'elle plaça dans le pavillon des jardins. Un marbre réduit d'une maîtrise souveraine, attribué à Houdon, la représente encore sous une guirlande de roses.

On remarquait, dans les intérieurs, un original, la *Baigneuse*, chef-d'œuvre de Falconet, et ce groupe de la *Surprise de l'Amour et de l'Amitié*, qu'on a cru de Lemoine, mais qui est une commande faite par la comtesse à Caffieri.

La blanche sculpture se retrouvait dans le parc, le long des charmilles, les parterres, au bord des fontaines, parmi les jeux de la lumière, du feuillage et des eaux. Les lignes du petit château se prolongeaient harmonieusement dans la structure symétrique du jardin à la française : pelouses nivelées, triangles de rosiers, roues de myrte, massifs rectangulaires de laurier, problèmes de géométrie et de proportion résolus avec des figures de fleurs dont se moquera Horace Walpole, qui n'y avait rien compris.

Cet arrangement à la française des jardins de Louveciennes changera, peu à peu, avec l'invasion du goût anglais. Les âmes devenues sensibles ne rêveront plus que nature reconquise, paysages libres et pittoresques ; comme par hasard, s'élèveront, au tournant des allées, des moulins hollandais, des pagodes chinoises et des ruines gothiques.

Mme Du Barry saura se contenter de bien moins ;
cependant, dès 1781, elle transformera ses jardins
bas, avec l'autorisation de M. d'Angiviller, et les fera
« culbuter pour les mettre à la mode ».

Dans la Maison du Roi, l'administration des
Menus plaisirs, de l'Argenterie, des affaires de la
Chambre, complétait les services des Bâtiments. Les
opérations des Menus relevaient des quatre Premiers
gentilshommes de la Chambre, en charge tous les
quatre ans : au-dessus d'eux était la maîtresse ; au-
dessous, l'intendant à qui incombaient bien entendu
le travail et la responsabilité.

En tout temps, c'est la comtesse qui arrête le répertoire de Versailles et de Fontainebleau et, bien
qu'on en ait dit, le bon goût, la connaissance du
théâtre président à ce choix. Qu'ils soient « en année »
ou non, le maréchal de Richelieu et le duc de Duras
gardent la direction, l'un de la Comédie Italienne,
l'autre de la Comédie Française. C'est le district le
plus difficile à gouverner, et les ducs ne s'entendent
guère. L'intendant, pour rétablir la paix, a recours à
Mme Du Barry.

La Comédie-Française jouait encore aux Tuileries, attendant la construction de la nouvelle salle
dont s'occupaient ensemble Mme Du Barry, les gentilshommes de la Chambre et les architectes du Roi.
La favorite recevait les entrepreneurs, lisait les
mémoires et les discutait en maintes conférences
tenues dans ses appartements ; elle en faisait part
ensuite à Sa Majesté. Elle voulait, sans trop de
dépenses, un édifice qui pût aussi servir à l'embellis-

sement de Paris. Au début des projets, en décembre 1771, craignant le choix d'un architecte incapable, elle exigea qu'on réunît chez elle tous les intéressés : « M. le duc de Duras », note Papillon de La Ferté, « s'était rendu, ainsi que moi et les comédiens français, chez Mme Du Barry ; les plans que le sieur de Peyre avait apportés ont été longuement examinés et discutés ». MM. de Wailly et Peyre finirent par l'emporter sur leurs concurrents, et la Comédie-Française par être bâtie sur l'emplacement de l'Odéon actuel. Elle ne s'achèvera, d'ailleurs, qu'en 1782. Mais les comédiens devaient surtout à la favorite l'école dramatique, créée sous ses auspices, et qui deviendra le Conservatoire.

CHAPITRE VI

Dès la mort de Louis XV, Mme Du Barry prit le chemin de l'exil ; sous bonne escorte, elle partait de Rueil au soir tombant, et après vingt lieues de parcours elle arrivait à l'abbaye de Pont-aux-Dames, dans la Brie champenoise. Ce n'était point un simple couvent ouvert comme un abri, mais une prison d'État ressortissant du lieutenant de police, où le Roi envoyait les femmes frappées, comme la comtesse, par une lettre de cachet. Tout le long de la route, elle pleura, avec un désespoir d'enfant, son lourd chagrin de femme. En franchissant le portail du monastère délabré, en regardant les murs hauts et sombres : « Oh ! que c'est triste, » dit-elle, « et c'est ici qu'on m'envoie ! »

La sévère abbesse, Mme de La Roche-Fontenilles, entourée de ses religieuses, attendait au parloir la prisonnière. Les professes n'osèrent « tout d'abord la regarder en face ; elles l'examinèrent dans une glace, » toutes surprises de trouver en elle non les « traits du démon », comme elles l'avaient craint, mais la plus jolie des femmes et aussi la plus éplorée. Elles étaient trente dames de chœur, vingt sœurs converses, et portaient la robe blanche à guimpe qu'autrefois avait revêtue la pensionnaire de Saint-Aure, avec le voile noir et le long scapulaire descendant jusqu'aux pieds.

On conduisit la comtesse dans le coin le plus retiré
du couvent, et on la tint au secret absolu. Ce fut,
pendant quelque temps, sous le prétexte de politique,
la plus étroite des incarcérations. En ce moment,
Marie-Antoinette écrit à sa mère : « La créature est
au couvent et tout ce qui porte ce nom de scandale a
été chassé de la Cour ». L'Impératrice trouve le propos bien véhément et croit devoir rappeler la jeune
Reine à la charité chrétienne. « J'espère qu'il n'y
aura plus question de la malheureuse Barry pour
laquelle je n'ai jamais été portée qu'autant que votre
respect pour votre père et souverain l'exigeait.
J'espère de n'entendre plus son nom qu'en apprenant que le Roi l'ait traitée avec générosité, en la
confinant avec son mari loin de la Cour, lui adoucissant, autant que cela convient et l'humanité
l'exige, son sort ». Mais, les premiers jours, il n'y
eut d'autre pitié que celle de Marie-Thérèse pour
« la pauvre Barry ».

L'exil de la favorite avait été, au reste, un acte de
Louis XV, exigé à son lit de mourant par le cardinal de La Roche-Aymon. Le fait est du moins certifié par le registre des *Ordres du Roi*, où fut inscrit à
la date du 9 mai 1774 :

Note du ministre.

Le sieur, comte Du Barry, conduit au château de Vincennes.

La dame, comtesse Du Barry, conduite à l'abbaye de
Pont-aux-Dames.

Le Roué, aux premières alarmes, fuyait en Hollande ; la comtesse aurait pu se réfugier auprès du prince des Deux-Ponts qui lui offrait un asile ; elle refusa ; Mlle Chon, son frère disparu, partait pour Toulouse. Un plaisant écrivait : « Les tonneliers sont aux abois tous les barils fuient ; » mais le marquis Du Barry et sa femme échappaient à la disgrâce en demandant et obtenant, par lettre patentes du 26 juillet 1774, de prendre le nom et les armes de Conty d'Hargicourt, oncle de la marquise.

Cependant, en son couvent, la comtesse voyait chaque jour se rapprocher d'elle les religieuses prises au charme de sa douceur ; et elle devint l'amie de chacune d'elles, et aussi de Gabrielle de La Roche-Fontenilles, l'austère supérieure de l'abbaye royale. La vie de prière, la vie calme et affectueuse apaisait un peu les regrets et les chagrins de Mme Du Barry. Avec le malheur de sa famille, dispersée à tous les vents, elle apprenait celui de bien d'autres : tour à tour le duc d'Aiguillon, Terray, Maupeou étaient disgraciés.

Le successeur du duc au ministère se trouvait être son oncle, Maurepas, exilé et rappelé après de longues années. Il occupait à Versailles une partie des appartements quittés par la comtesse, les réduits dorés des combles. C'est de lui, sans nul doute, que viendrait le secours. Mme Du Barry avait craint un moment le retour au pouvoir de Choiseul ; mais Marie-Antoinette ne put vaincre les répugnances de Louis XVI pour l'ex-ministre.

Il est de toute évidence que la conduite de la jeune femme à Pont-aux-Dames fut irréprochable. Et vraiment, pour que Mme de La Roche-Fontenilles l'ait prise sous sa protection et l'ait aimée d'une affection qui dura vingt années, il faut bien croire qu'elle sut inspirer quelque estime. Elle ne sortait jamais, mais se promenait dans le grand parc de l'abbaye, « à l'ombre des tilleuls et des marronniers, » et c'est elle, sans doute, qui fit construire la fontaine portant son nom, où elle avait l'habitude de venir lire, rêver, pleurer. Elle suivait les religieuses à la messe, aux offices : elle aimait le petit enfant de chœur, « qui était d'une jolie figure », et se plaisait à lui témoigner ses bontés.

Toutes les sœurs l'entouraient d'affection et plus tard, lorsqu'elle sera rentrée dans le monde, elle viendra plus d'une fois chercher auprès d'elles le repos du pieux asile. De longtemps, on n'oublia la comtesse dans ce coin de province, parce qu'elle était généreuse et qu'elle avait « le sourire bien aimable ». Une lettre du duc de Brissac lui parlera un jour de ses « amies de Pont » : « Elles vous aiment pour vous-même », écrira-t-il galamment, « parce qu'elles vous connaissent bien et qu'alors il est difficile de vous refuser le tribut qu'arrachent et bontés, et beautés, et douceurs, et cette aimable et parfaite égalité d'humeur qui font le charme d'une société habituelle. »

C'est dans la petite chapelle ogivale qu'au début de sa réclusion, elle assista au service funèbre célébré dans toutes les églises de France, pour le repos de l'âme du roi défunt. En ses habits de deuil, elle écouta les paroles de paix prononcées sur Louis le Bien-Aimé par l'aumônier de l'abbaye, et les religieuses attendries la regardaient pleurer.

Mais son âme fugitive n'était point faite pour les longues douleurs ; facilement résignée après les fortes épreuves, elle oubliait, comme les femmes oublient. Elle songeait donc à une vie nouvelle, à d'autres amours, au bonheur enfin. Le prince de Ligne, resté son ami, se hasardait, s'il faut l'en croire, à remettre à Marie-Antoinette une lettre de la recluse, « pour l'engager à arranger les affaires que son étourderie et son désintéressement avaient laissées très mauvaises à la mort du Roi ». L'intervention du prince n'aurait pas été inutile. D'autre part, comme on la voyait inoffensive, les ordres peu à peu devinrent moins sévères. Le 24 mai 1775, un nouvelliste écrivait : « Mme Du Barry a permission de sortir de l'abbaye. Elle se promène aux environs, mais elle y revient toujours pour se coucher ; on parle pour elle de l'acquisition d'une terre ». C'était l'annonce de la prochaine libération.

Elle quittait l'abbaye le mois suivant, mais elle devait se tenir à dix lieues au moins de la Cour et de la capitale. Aussi acheta-t-elle le domaine de Saint-Vrain, qui répondait à ces conditions et qu'elle connaissait, ayant appartenu au second fils de Mme de La Garde.

La comtesse appelle à Saint-Vrain ses anciens domestiques, et bientôt nièces et belle-sœur viennent la rejoindre. Elle se dédommage des privations de l'exil par des fêtes continuelles où sont invités châtelains et châtelaines des environs. Le souvenir en est resté dans le pays, et aussi celui de ses bienfaits. « Elle faisait faire des distributions de pain, de bois ; tous les malheureux étaient secourus, ou plutôt il n'y avait plus de malheureux... Souvent, elle faisait danser les gens du village dans son parc ».

Le comte de Maurepas obtient enfin, en octobre 1776, la liberté plénière de sa protégée. La peine a duré deux ans et demi. Louis XVI décide que, pour sa parfaite soumission, Mme Du Barry conservera, avec ses biens personnels évalués à près de deux millions en or et en bijoux, les 40 000 livres de revenu des baraques de Nantes, les 105 000 livres de rentes viagères sur l'Hôtel de Ville, enfin l'usufruit de Louveciennes et ses richesses artistiques. Saint-Vrain est donc quitté sans regret, d'autant plus que la comtesse y laisse le mauvais souvenir de trois quidams qui tentèrent de l'assassiner en plein jour, dans sa chambre.

A peine fut-elle installée dans son Louveciennes qu'un illustre étranger venait l'y visiter. On sait qu'en mai 1777, l'Empereur se rendait à Versailles sous le nom de comte de Falkenstein. « S. M., écrit un nouvelliste, curieux de voir la comtesse Du Barry, mais voulant le faire sans affectation, a pris le prétexte de visiter son pavillon de Luciennes un jour où il savait qu'elle y était. Il est resté avec elle, seul, pendeux heures, et a déclaré qu'il avait été fort content, mais qu'il la croyait mieux de figure. »

Elle était bien jolie pourtant, en ses trente-cinq ans, un peu pâlie peut-être par les tourments derniers et l'ennui de l'exil, un peu lasse, et d'une beauté affinée qui laissait indifférent le goût tudesque de Joseph II. Mais, comme tous les autres, il fut pris à son charme. « Il était question de se promener et de visiter les beautés extérieures du pavillon de Lu-

ciennes, ce prince offrait le bras à la comtesse qui
sembla honteuse de cet excès d'honneur et s'en
avouait indigne : « Ne faites point difficulté, lui dit
l'Empereur, la beauté est toujours reine. »

La liaison de la comtesse avec Louis-Hercule-
Timoléon de Brissac, duc de Cossé, n'était un secret
pour personne ; mais ils mettaient quelque discrétion
à cacher leurs amours jusqu'au jour prochain de
leur existence presque maritale. M. de Cossé, lieutenant-colonel des Cent-Suisses, gouverneur de Paris,
était le fils du vaillant maréchal, Jean-Paul-Timo-
léon, duc de Brissac, pair de France. Celui-ci avait
soixante-seize ans à la mort de Louis XV, et c'est
par une confusion singulière qu'on a fait de lui
l'amant de Mme Du Barry.

Louis-Hercule-Timoléon était un gentilhomme
accompli, de manières nobles et affables, grand,
blond, avec de beaux yeux bleus, ainsi que le chante
Saint-Just dans son poème érotique d'*Organt*. Depuis
longtemps, il comptait parmi les amis de l'ancienne favorite, ayant occupé à Versailles, dès 1770,
un appartement contigu au sien. La douceur, l'élégante discrétion de Mme Du Barry lui conquirent
bientôt tous ceux qui autrefois s'acharnèrent contre
elle. On y vit « Mme d'Ossun, fille de la comtesse de
Grammont autrefois exilée », écrit le comte d'Espinchal. De même y rencontrait-on M. et Mme de Beauvau. Un billet du prince montre l'aimable intimité
établie avec la châtelaine :

Comment Madame la Comtesse se trouve-t-elle de sa
courbature ? Est-elle toujours incommodée de l'odeur

…ol de la rivière ? Je serais bien fâché qu'elle ne jouît pas de tous les agréments de Louveciennes, qui en a tant pour moi par le voisinage.

Si nous y gagnons l'honneur de vous voir ici, comme Mme de Beauvau en sera fort aise !…

Recevez, madame, tous mes hommages.

Dans le petit château et, le plus souvent dans le blanc pavillon dominant la Seine, la comtesse offrait à ses invités la collation, le jeu, la comédie. Mlle Chon et ses parentes l'aidaient à recevoir ; on remarqua bientôt l'assiduité d'un châtelain des environs, Henry Seymour, de l'illustre maison de Somerset. Les relations ne furent tout d'abord que très amicales ; l'amour vint ensuite, et cet épisode nous est conté par Mme Du Barry elle-même en ses lettres au noble étranger. « L'assurance de votre tendresse, mon tendre ami », lui écrit-elle, « fait le bonheur de ma vie. Croyez que mon cœur trouve ces deux jours bien longs et que, s'il était en mon pouvoir de les abréger, il n'aurait plus de peine. Je vous attends samedi avec toute l'impatience d'une âme entièrement à vous et j'espère que vous ne désirerez rien. Adieu, je suis à vous. Ce jeudi à deux heures. »

Et entre les deux amants c'est, de l'inquiétude à la confiance, les ordinaires fluctuations. Seymour se plaint souvent ; elle est très belle encore, en ses trente-huit ans, et Brissac prétend garder ses droits sur son amie. Qu'elles sont ferventes, ses lettres d'amoureuse ; quelle éloquence passionnée chez cette femme aimant pour la première fois : « …Mon cœur est tout à vous sans partage et, si j'ai manqué à ma promesse, mes doigts sont seuls coupables. J'ai été très incommodée depuis que vous m'avez quittée, et je vous assure que je n'avais de force que pour penser à vous... Adieu, mon tendre ami, je vous aime, je vous le répète, et je crois être heureuse. Je vous embrasse mille fois et suis à vous. Venez de bonne heure. »

Mais Brissac, qu'on essaie doucement d'écarter, est entre eux, jaloux ; la femme prudente, souple, ménage à la fois et le duc et le comte ; d'un doigté délicat, elle mène ce double et difficile jeu. Les deux hommes, pourtant, se guettent et se haïssent. « Vous n'aurez qu'un mot de moi, » écrit-elle à Seymour, « et qui serait de reproche, si mon cœur pouvait vous en faire ; je suis si fatiguée de quatre grandes lettres que je viens d'écrire, que je n'ai la force que de vous dire que je vous aime. Demain, je vous dirai ce qui m'a empêchée de vous donner de mes nouvelles, mais croyez, quoique vous en disiez, que vous serez le seul ami de mon cœur. Adieu, je n'ai pas la force de vous en dire davantage. Vendredi à deux heures. »

Au Seymour plein de reproches succède un Brissac plein de soupçons : « Je n'irai point à Paris aujourd'hui », écrit la châtelaine, « parce que la personne que je devais aller voir est venue mardi, comme vous veniez de partir. Sa visite m'a fort embarrassée, car je crois que vous en étiez l'objet. Adieu, je vous attends avec l'impatience d'un cœur tout à vous et qui, malgré vos injustices, sent bien qu'il ne peut être à d'autres. Je pense à vous, vous le dis, et vous le répète, et n'ai d'autre regret que d'être privée de vous le dire à chaque instant. De Louveciennes, à midi. »

Henry Seymour ne supportera pas l'idée du partage ; il rompra cette courte liaison, sans pitié des larmes qu'il fera verser ; et Mme Du Barry lui adressera cette dernière plainte : « Il est inutile de vous parler de ma tendresse et de ma sensibilité, vous la connaissez. Mais ce que vous ne connaissez pas, ce sont mes peines. Vous n'avez pas daigné me rassurer sur ce qui affecte mon âme.., mon cœur souffre ; mais avec beaucoup d'attention et de courage, je parviendrai à le dompter... Adieu, croyez que vous seul occuperez mon cœur. Ce mercredi à minuit. »

L'oubli viendra tout doucement chez cet être mobile ; pour l'éloigner de son rival, le duc l'emmène dans ses terres de Normandie. Elle se rend à Bayeux où le régiment de Condé, commandé par son beau-frère, Du Barry-d'Hargicourt, est en garnison, et de grandes fêtes militaires lui sont offertes. Une petite guerre organisée aux environs attire une foule considérable ; un bal magnifique est donné par tous les officiers de ce régiment à l'ancienne favorite de Louis XV. Mme Du Barry gardait donc encore son prestige, et toute sa séduction. M. de Belleval, ami d'Adolphe, qui vint la voir à Louveciennes en 1783, dit qu'elle était aussi belle qu'en 1769 : « Il y avait huit ans que je ne l'avais pas vue ; je n'eus pas besoin de me nommer et elle me dit comme jadis : « Ah, mon chevau-léger !... » Mais, au lieu de l'éclat de rire d'autrefois, des larmes roulèrent dans ses yeux ; je lui rappelais le passé et tout ce qu'elle avait perdu. »

Comme elle tenait maison ouverte et que ses amis étaient toujours les bienvenus, M. de Breteuil s'invi-

tait avec une aimable familiarité : « J'envoie savoir,
Madame la Comtesse, si vous voulez me donner
aujourd'hui à dîner. J'aurai autant de plaisir à passer
la journée avec vous que j'en ai à vous assurer de
tous les sentiments de mon amitié. » Tel est le ton de
toutes les correspondances des gens de Cour avec une
femme de distinction parfaite ; et l'on devine quels
jolis propos s'échangent sous les bosquets de Louveciennes, par ces lignes du marquis d'Armaillé, qui
viennent prolonger la conversation de la veille
« dégantée » à la fois et précieuse :

Si vous aviez besoin d'un chevalier, Madame la
Comtesse, je serais bien le vôtre. Je connaissais jusqu'à
hier une partie de vos qualités aimables ; vous m'avez
mis à même de juger du plaisir que vous avez à obliger.
C'est beaucoup, Madame la Comtesse, d'être jolie,
aimable et essentielle ; oui essentielle. Je n'ai pas besoin
de vous dire que je ne quitte jamais Luciennes sans
regret ; on ne commande pas à son cœur. On voudrait,
Madame la Comtesse, y passer sa vie ; vous connaître et
vous demeurer attaché sont synonymes.
Agréez avec certitude, Madame la Comtesse, l'assurance
de ma reconnaissance et de mon attachement.

Le Mis d'Armaillé.

Notre châtelaine n'avait pas qu'à recevoir dans
son domaine où l'on s'attardait si volontiers ; elle
était priée de tous côtés, pour son charme, lorsqu'on
la connaissait, et pour la curiosité qu'elle inspirait
aux étrangers et aux provinciaux de passage à Paris.
« Nous mourions d'envie de connaître la fameuse
Mme Du Barry », écrit dans ses mémoires Dufort de
Cheverny, jadis protégé de Mme de Pompadour et

Cliché Tallandier

Le pavillon de Louveciennes

Gravure de NATTES

demeuré l'ami de Choiseul. Le comte et la comtesse de Cheverny étaient alors à Paris les hôtes de Don Olavidès, comte de Pilos, évadé des cachots de l'Inquisition où il avait souffert trois ans, ce qui, paraît-il, lui valait de la comtesse au cœur pitoyable une véritable vénération :

Nous prîmes donc jour, et le comte se chargea de lui demander si elle voulait venir dîner chez lui ce jour-là. Elle demeurait à sa belle maison de Luciennes. Nous nous rendîmes donc en petit comité. Il gelait à pierre fendre; elle arriva en carrosse à six chevaux et entra avec aisance et noblesse. Elle était grande, extrêmement bien faite, et c'était une très jolie femme de toutes les manières. Au bout d'un quart d'heure, elle fut aussi à son aise avec nous que nous le fûmes avec elle. Ma femme était la seule femme ; toutes les attentions de Mme Du Barry furent pour ma femme et le maître de la maison, et elle se montra caressante et affable pour tout le monde. Le président de Salaberry et le chevalier de Pontgibaud, son neveu, y étaient, ainsi que plusieurs autres. Elle fit les frais de la conversation, et nous parla d'abord de Luciennes. Nous savions que c'était un endroit délicieux, tant pour le luxe et la magnificence que pour le goût... Son joli visage était un peu échauffé, elle nous dit qu'elle prenait un bain froid tous les jours. Elle nous fit voir que, sous une longue pelisse, elle n'avait que sa chemise et un manteau de lit très léger. Elle portait tout avec une si grande magnificence, reste de son ancienne splendeur, que je n'ai jamais vu de batiste plus belle... Le dîner fut charmant. Elle en fit tous les frais...

La liaison de la Dame avec le duc de Brissac, loin de lui nuire, était pour elle une excellente garantie devant l'opinion. Ces accommodements étaient de mode ; on ne demandait que de la dis-

crétion, et le duc et l'ex-favorite n'auraient eu garde
de froisser les convenances extérieures. C'est au soir
qu'elle se rendait rue de Grenelle-Saint-Germain
dans le bel hôtel où elle avait son appartement à
côté de celui du maître. Brissac était un amateur
d'art passionné et un mécène de l'époque; sa fortune lui avait fait réunir la plus belle des collec-
tions. Il était grand liseur, très cultivé, s'avouait
ami des philosophes et partisan des idées nouvelles.
Il initiait sa maîtresse aux préoccupations générales
du moment; elle y portait un goût réel et sérieux:
« Depuis sa retraite », écrit le comte d'Espinchal,
« l'étude a été, après la toilette, sa principale occupation. »

Le « procès du collier » allait jeter quelque trouble
dans l'existence de Mme Du Barry, pour l'instant si
paisible. D'ailleurs, elle n'y pouvait être que bien
indirectement mêlée, même si le fameux collier, que
Rohan croyait acheter pour la Reine, fut d'abord
destiné à la comtesse par le joaillier Boehmer. Mais
que n'avait-on pas à craindre de la coupable, cette
Mme de la Motte de Valois qui chargeait non seulement sa dupe, le cardinal prince Louis, mais encore
tous ceux qui, de loin ou de près, touchaient à cette
fâcheuse affaire ?

Le 12 décembre 1785, Mme Du Barry est appelée
à comparaître devant la chambre d'instruction
siégeant à la Bastille, transformée en prison judiciaire. Elle déclare « n'avoir aucune connaissance
des faits énoncés dans la plainte, si ce n'est qu'il y
a environ trois ans, la dame de la Motte est venue

à Louveciennes implorer ses bontés et sa protection, pour faire parvenir au Roi un mémoire dans lequel elle suppliait Sa Majesté de la faire rentrer dans les terres qui avaient appartenu à sa famille, et qui étaient rentrées au domaine... » La suppliante « l'ayant fatiguée par ses larmes », la comtesse prit le placet « et le mit sur sa cheminée, dans la ferme intention de n'en faire aucun usage. » Elle le brûla en effet ; mais, lorsqu'elle entendit raconter que la prévenue signait ses lettres : Marie-Antoinette de France, elle crut se rappeler que la supplique qui lui avait été remise portait la même signature ; dans ce cas, l'intention de faux devait être écartée ; et « la déposante tint ce propos chez elle, devant plusieurs personnes, sans croire que l'on pût en tirer aucune conséquence. »

C'était presque une décharge en faveur de l'accusée, qui ne le prit point ainsi. Elle répondit avec insolence, nia le placet et déclara n'avoir remis à la comtesse qu'une pièce généalogique. Dans ses mémoires imprimés à Londres après son évasion de la Salpêtrière, elle déforme les faits de cette manière : « Je ne puis me refuser à la tentation de dire un mot sur le rôle qu'on fit jouer à la *Reine-douairière*, l'immaculée Du Barry, de monastique mémoire. La déposition de cette femme portait que j'avais été chez elle pour lui demander sa protection ! et que je lui avais laissé un mémoire signé Marie-Antoinette de France... Je n'ai été chez elle que par curiosité, dans une bonne voiture à quatre chevaux. Lorsqu'elle m'a été confrontée, elle s'est avisée de prendre avec moi un ton de hauteur et d'impudence ;

je me hâtai de la mettre à sa place, en lui faisant
sentir la distance de sa naissance à la mienne... »

Mme Du Barry suivit avec émotion les détails
de ce procès, qui devait entacher, malgré tout, l'honneur de la reine de France, et ébranler si fortement
le trône en ce moment critique de la monarchie.

Elle craignait fort d'occuper le public et s'enfermait
jalousement dans sa vie égale et douce. Mme Vigée
Le Brun, qui, en 1786, faisait son premier séjour
à Louveciennes, raconte l'existence qu'on y menait:

Elle se montrait aussi bonne femme par ses paroles
que par ses actions, et elle faisait beaucoup de bien à
Louveciennes, où tous les pauvres étaient secourus par
elle. Nous allions souvent ensemble visiter quelques malheureux, et je me rappelle encore la sainte colère où je la
vis, un jour, chez une femme accouchée qui manquait
de tout : « Comment, disait Mme Du Barry, vous n'avez
eu ni linge, ni vin, ni bouillon? — Hélas, rien, madame. »
Aussitôt nous rentrons au château ; Mme Du Barry fait
venir sa femme de charge et d'autres domestiques qui
n'avaient point exécuté ses ordres. Je ne puis vous dire
dans quelle fureur elle se mit contre eux...

C'est pour Brissac, qui parfois assistait aux
séances, que l'artiste peignait la châtelaine « en
peignoir, avec un chapeau de paille ». Elle était
« grande, sans l'être trop ; elle avait de l'embonpoint,
la gorge un peu forte, mais fort belle ; son visage
était encore charmant, ses traits réguliers et gracieux,
ses cheveux étaient cendrés et bouclés comme ceux
d'un enfant ; son teint seulement commençait à se
gâter »...

Mme Vigée Le Brun revenait, deux ans après, faire un nouveau portrait de la comtesse en satin blanc, tenant une couronne, le bras appuyé sur un piédestal. On installa encore l'artiste dans le corps de logis situé derrière la machine de Marly, dont « le bruit lamentable » l'ennuyait fort. Mais elle admirait les objets précieux réunis dans une galerie voisine ; « on aurait pu se croire », a-t-elle écrit, « chez la maîtresse de plusieurs souverains, qui tous l'avaient enrichie de leurs dons. »

A Louveciennes, l'aimable peintre assistait à une réception des plus originales, celle des envoyés de Tipoo-Saïb, sultan de Mysore, venus pour solliciter l'appui de la France contre l'Angleterre. Ils offrirent, en grande pompe, à l'ex-favorite, les présents de leur souverain. Sa renommée avait passé les mers, et sans doute lui supposait-on encore quelque crédit. Ils déployèrent devant elle des richesses orientales dignes de sa beauté et, entre autres, de merveilleuses mousselines. Mme Vigée Le Brun eut un rouleau de ces tissus précieux, « à fleurs larges et détachées, dont les couleurs et l'or étaient parfaitement nuancés ». Plus tard, sous le Consulat, l'artiste, invitée à l'improviste à un grand bal, s'habillait du voile des Indes qui lui rappelait la gracieuse hospitalité d'autrefois.

Vers ce moment disparaissaient deux vieux amis chers à la châtelaine, Richelieu et son neveu d'Aiguillon. Le maréchal-duc s'éteignait, en août 1788, à l'âge de quatre-vingt-quatorze ans. Comme il n'était plus du siècle, isolé par la vieillesse, Mme Du Barry presque seule le regretta. Le 1er septembre suivant mourait en son hôtel de la rue de l'Université, « Très haut et très puissant seigneur, Emmanuel-Armand-Duplessis de Richelieu, duc d'Aiguillon, pair de France, comte d'Agenois, etc.. » La pierre tombale du monument de la Sorbonne fut levée une deuxième fois, et la comtesse vint y prier encore.

Bientôt un deuil plus cruel l'atteignait ; le 20 octobre 1788, sa mère cessait de vivre. Par acte notarié, Mme Rançon avait institué légataire universelle sa nièce, Betzy, devenue marquise de Boisséson. Elle désignait comme exécuteur testamentaire M. de Boisséson, lieutenant-colonel du régiment de Condé-Dragons. Mme Du Barry, enfant naturelle, n'avait aucun droit légal à l'héritage ; mais le mari de la défunte ne méritait pas tant d'oubli. Pour le dédommager, la comtesse lui assura une rente viagère de 2 000 livres. Cette donation apaisa le brave homme, qui avait veillé tant bien que mal sur la jeunesse de sa belle-fille.

CHAPITRE VII

MADAME Du Barry est du parti de Necker, des philosophes, des économistes, ainsi que tant de gens de la noblesse, à la Cour et surtout à la Ville. Les changements de condition et de milieu l'ont préparée aux idées nouvelles ; Brissac l'a initiée aux théories de Rousseau, et son âme de femme se complaît à la chimère de justice et de liberté.

Elle se lie avec le marquis de Jaucourt, Choderlos de Laclos, le chevalier de Chastellux ; elle reçoit l'abbé Beliardi, le savant économiste, protégé des Choiseul, qui va devenir un de ses familiers. A Louveciennes, dans sa loge à l'Opéra, dans les salons, on discute, avec le plus d'esprit et de bonté possibles, les questions morales et politiques ; ces réunions sont aimables, élégantes ; les âmes sensibles réclament des réformes sans se croire à la veille d'une révolution. Le moment est grave cependant ; un désastre financier menace le pays, tandis que la fièvre des idées se propage et favorise la crise sociale dont l'expansion bientôt franchira même les frontières. Necker ayant décidé le Roi à convoquer les États-Généraux, le règlement du 24 janvier 1789 organise les élections.

La veille de l'ouverture, le 4 mai 1789, Mme Du Barry vit certainement défiler, d'une fenêtre de Versailles, le cortège des trois Ordres. On sait trop que l'entente ne put durer entre le Roi et le pays, et que les événements se précipitèrent ; le 20 juin, c'était le Serment du Jeu-de-Paume ; le 23, la séance royale où se dressa menaçante devant l'autorité du monarque la souveraineté de la nation. L'arrivée des troupes à Versailles et le renvoi de Necker exaspéraient l'opinion et, le 14 au matin, le peuple prenait la Bastille. Brissac n'avait point prévu pareil déchaînement ; et sans doute disait-il comme Mme Du Barry : « Si Louis XV vivait, sûrement tout cela n'aurait pas été ainsi. »

La France se détraque ; c'est un courant de folie, une fureur de représailles ; dans les villes on brûle les archives, et dans les campagnes, les châteaux. On égorge, un peu partout, les aristocrates. Le duc de Brissac, après le 14 juillet, accourt dans sa province qui est à feu. On l'arrête ; il échappe à la mort par miracle. « M. de Brissac, gouverneur de Paris, après avoir passé la ville du Mans, a été reconnu et arrêté à Durtal, près de La Flèche, d'où l'on a dépêché vers la capitale un courrier pour s'informer s'il était coupable, et si on le décollerait provisoirement, ou si on le conduirait à Paris. »

Ces bouleversements politiques n'arrêtaient pas d'ailleurs la vie mondaine. La comtesse, comme toujours, allait au théâtre, visitait ses amis, recevait à Louveciennes. Une charmante lettre de Mme d'Angiviller nous y mène :

Que de grâces nous avons à vous rendre, Madame la Comtesse, de vos aimables et obligeants souvenirs ! Le beau temps nous rappelle de quel attrait serait pour nous

la promenade de vos jolis bosquets et le plaisir de les
parcourir avec vous. Mais nous sommes bien contrariés
par un dîner prié qui a lieu tous les samedis et que nous
ne pouvons remettre sans manquer aux égards dus à
messieurs les Députés... S'il n'y avait point d'inconvénients, nous irions nous dédommager mardi prochain
vers les trois heures. Veuillez me faire savoir si cela est
possible ; alors, nous aurons le plaisir de réparer une
partie de nos torts, bien involontaires en vérité. J'ai
l'honneur de vous en assurer, ainsi que de notre empressement à vous porter nos bien véritables et sensibles
hommages, Madame la Comtesse.

Moins légère que son amie d'Angiviller, Mme Du
Barry a vu de trop près le maniement des affaires
pour ne point s'intéresser avec passion aux questions
politiques du moment. On devine son état d'esprit
à celui de Brissac. Il reste dans sa seigneurie
peut-être mécontent de n'être point député. Les
lettres de Paris de sa maîtresse, le mettent au courant des choses du jour ; il répond à la comtesse
en ce style obscur et incorrect, révélateur des ten-
dances métaphysiques du siècle, dont se moquera si
bien Mirabeau autrement positif et clairvoyant.
Malgré la lassitude, comme on y sent encore sa foi
dans la bonté humaine, et surtout dans l'amour de
cette femme, qu'il a faite à lui tout entière et qu'il
adore.

Quelles que fussent les inquiétudes du temps,
Mme Du Barry n'aurait pas manqué de visiter l'exposition du Louvre, les choses de l'art l'occupant
toujours. On ne voyait point comme autrefois,
parmi les toiles du Salon, la séduisante image de

la comtesse ; mais pour le duc, ce même mois, Mme Vigée Le Brun faisait d'elle un troisième portrait : « Je l'ai commencé vers le milieu de septembre 1789 », dit l'artiste ; « de Louveciennes, nous entendions des canonnades à l'infini... J'avais peint la tête et tracé la taille et les bras, lorsque je fus obligée de faire une course à Paris ; j'espérais pouvoir retourner à Louveciennes pour finir mon ouvrage ; mais... mon effroi était porté au comble, et je ne songeais plus qu'à quitter la France. »

Dans le tableau, qui fut achevé plus tard, après l'émigration, Mme Du Barry est assise au pied d'un arbre ; elle tient sur ses genoux un livre ouvert. Sa robe est verte, simple, à taille haute. Elle est toute blonde sous un voile blanc, et toujours charmante, cette femme de quarante-six ans qui garde la grâce de la jeunesse. Le regard averti est plein des choses de la vie ; les yeux mi-clos ont bien comme autrefois leur caresse moqueuse mais, dans l'ovale moins pur du visage, la bouche fine est doucement triste. Le morceau n'est pas de la brillante manière de Mme Vigée Le Brun ; du moins le pinceau, assagi par les années, s'applique à traduire une âme.

Elle tremblait, en ce moment, l'âme de cette femme pour les jours de celui qu'elle aimait. Le grand nom de Brissac avait désigné le duc à la haine populaire, et déjà les feuilles révolutionnaires le marquaient pour la mort ; sa maîtresse elle-même n'échappait point à l'attaque. Le Roi, écoutant les privilégiés serrés autour du trône, refusait toujours de sanctionner les décrets du 4 et du 26 août ; et la réaction, qui s'affirmait par l'appel du régiment de Flandre et le banquet des gardes du corps, avait pour résultat les tragiques journées d'octobre. A l'heure même où la famille royale, ramenée par le peuple, arrivait à Paris, deux gardes blessés, échappés au massacre, se traînaient de Versailles à Louveciennes, sachant trouver asile auprès de la châtelaine. La Reine, raconte Lafont d'Aussonne, « chargea quelques seigneurs de sa confiance d'aller à Louveciennes et d'y porter ses remerciements empressés. La comtesse Du Barry aussitôt eut l'honneur d'adresser à la Reine les paroles que je vais transcrire ; je les tiens d'un de ses parents :

MADAME,

Ces jeunes blessés n'ont d'autre regret que de n'être point morts avec leurs camarades pour une princesse aussi parfaite, aussi digne de tous les hommages que l'est assurément Votre Majesté... Luciennes est à vous, Madame. N'est-ce pas votre bienveillance et votre bonté qui me l'ont rendu ?... Le feu Roi, par une sorte de pressentiment, me força d'accepter mille objets précieux avant de m'éloigner de sa personne. J'ai eu l'honneur de vous offrir ce trésor au temps des Notables ; je vous l'offre encore, Madame...

De Votre Majesté, la très fidèle servante et sujette,

La comtesse DU BARRY. »

Ce qui restait de la Cour était parti pour Paris auprès de la famille royale. Comme grand-panetier, Brissac résidait aux Tuileries, ce qui ne l'empêchait pas de se rendre journellement auprès de son amie. Il lui écrivait un soir qu'il n'avait pu l'aller voir :

Aux Tuileries, ce mercredi, 11 novembre 1789.

Je vais me mettre au lit, cher cœur, pour être demain
moins enrhumé que je ne le suis, et pouvoir vous faire
meilleure compagnie que je ne le ferais, si j'étais aussi
entrepris de rhume que je le suis... Adieu, tendre amie,
je vous aime et vous baise mille fois du plus tendre de
nos cœurs, je voulais dire de mon cœur, mais je n'effa-
cerai pas ce que ma plume a tracé, aimant à penser que
nos cœurs ne sont pour jamais qu'un. Adieu, à demain.
Tout ceci est réellement mystérieux et fol, et la sagesse
est de nous unir. Adieu.

L'année 1790 se passe à Louveciennes sans incidents. La vie de la châtelaine est toujours remplie
par ses « charités immenses dans tout le canton ».
Les réceptions restent intimes et sans bruit à cause
de l'insécurité des temps. On voit très souvent, chez
la comtesse, Mme de Souza et Mme d'Angiviller ;
les lettres qu'adressent les amis émigrés sont lues
avec curiosité, et c'est une agréable surprise,
au cours de cet automne, que la réception d'une
longue missive venant de Naples : « Madame la
comtesse, voilà des siècles que je désire me rappeler
à votre souvenir et à vos bontés. Ce n'est point
oubli, je vous assure, mais j'ai si peu de moments
à moi. M. Robert [Hubert Robert] a dû vous informer combien je m'occupais de vous, madame la
comtesse, et je l'ai souvent prié de me donner de vos
nouvelles. Je suis actuellement à Naples, qui est un
séjour délicieux. » Et Mme Vigée Le Brun remplit
ainsi quatre pages, d'un français assez douteux,
décrivant les paysages, les monuments, racontant

ses travaux. « Parlez-moi de M. le duc de Brissac, » ajoute-t-elle ; « se souvient-il de moi ? »

Le duc de Brissac, tenu à l'écart par la famille royale autant que par l'Assemblée, se donnait cependant d'avance au devoir. Mme Du Barry le suivra dans cette voie d'abnégation ; au reste, la souffrance l'attire ; compatissante et bonne, elle a pitié de toutes les misères et le peuple, qu'elle a tant soulagé, le sait bien ; maintenant, c'est ailleurs qu'on la demande et pour d'autres secours. Inconsciente peut-être, avec cette insouciance du courage qui ne discute pas le danger, elle n'est prudente que pour les autres. Elle saura bientôt déjouer la police et réunir, sans éveiller de soupçons, les conspirateurs royalistes en ses trois pied-à-terre parisiens, qui seront révélés un jour au Tribunal révolutionnaire. Déjà, elle est en rapports constants avec les émigrés, et va consacrer à ses amis les trois dernières années de son existence, se dévouant jusqu'à la mort.

La noblesse continue à passer les frontières, et Turin est d'abord le centre principal de l'émigration. Les nouvelles y sont impatiemment attendues ; au mois d'août, arrive M. Prioreau, attaché à la maison du comte d'Artois ; il donne des détails sur Mme Du Barry, que M. d'Espinchal, qui est auprès du prince, s'empresse de noter dans son journal :

Je ne puis passer sous silence ce que M. Prioreau nous apprend sur le compte de Mme la comtesse Du Barry. Cette dame retirée à Luciennes a, depuis le commencement de la Révolution, manifesté les sentiments les plus royalistes, et l'on sait positivement qu'ayant fondu quelques objets précieux, elle en a formé

une somme de 500 000 livres, qu'elle a déposée pour
être employée au service du Roi et de la Reine, lorsqu'ils pourront en avoir besoin. Ce trait doit servir à
faire mieux connaître et à faire juger moins sévèrement
une personne sur qui la calomnie s'est cruellement
exercée.

Le comte d'Artois vient de quitter la Savoie pour
Venise, à la grande joie d'Amédée, son beau-père,
lorsque la comtesse reçoit une lettre non signée,
de son ami d'Espinchal. Le timbre est de Turin ;
le cachet de cire noire porte deux colombes et
cette devise : *Vivons unis*. Rien ne montre aussi
bien que ces lignes d'un émigré, écrites cependant
avec une restriction prudente, quelle fut, dès le
début, la compassion de l'ex-favorite pour ceux que
le malheur exilait. La grande estime du comte pour
cette femme, son admiration même font comprendre
avec quelle ardeur elle avait embrassé leur cause et
les services qu'elle s'ingéniait à leur rendre.

Après dix-huit mois d'absence et de silence, Madame
la Comtesse, pourrez-vous permettre à un expatrié de
se rappeler à votre souvenir ? Rien n'a diminué l'attachement que je vous avais voué, *mais beaucoup de choses
ont augmenté mon estime.* C'est assez vous dire que, si je
ne vous ai pas écrit, je ne m'en suis pas moins occupé de
vous et que, sans cesse, en demandant de vos nouvelles,
*j'apprenais de vous des particularités dont tous ceux qui
vous connaissent vous savaient susceptible, mais qui, dans
ces moments, n'en sont pas moins admirables.* Je finis
pour ne pas gêner votre modestie à cet égard. Qu'il vous
suffise de savoir que votre petit-fils [le comte d'Artois]
a été instruit de tout, ainsi que ceux qui partagent son
sort et que j'ai suivis jusqu'ici...

Tandis que cette lettre traversait les Alpes et arrivait par des voies sûres à la comtesse, des voleurs lui dérobaient, dans la nuit du 10 au 11 janvier 1791, ses merveilleux écrins. Le jour de l'Épiphanie, M. de Brissac donnait une grande fête dans son hôtel de Paris ; sa maîtresse y assistait et le duc la gardait jusqu'au lendemain. Des malfaiteurs en profitaient pour s'introduire chez elle ; ils passaient par les jardins pour pénétrer dans la chambre à coucher et s'emparer du coffret à bijoux.

Ce fut un vol extraordinaire, tel du moins qu'on le conta dans le pays. Le valet chargé de veiller sur le trésor, et le jeune soldat qui montait la garde à l'intérieur des jardins, avaient quitté leur poste. Les domestiques s'aperçurent au matin de l'effraction des meubles ; on courut avertir Mme Du Barry ; elle arriva aussitôt.

Dès le 11 janvier, procès-verbal du délit était dressé et une information judiciaire ouverte. La Dame faisait appel à son principal joaillier, Roüen, et l'on imprimait à grand nombre d'exemplaires une brochure qu'il rédigeait.

DEUX MILLE LOUIS A GAGNER, *et récompense honnête et proportionnée aux objets qui seront rapportés.*
Il a été volé chez Mme Du Barry, au château de Louveciennes dit Luciennes, près Marly, dans la nuit du 10 au 11 janvier 1791, les diamants et bijoux ci-après :
... Une bague d'un brillant blanc, carré long, pesant 35 grains environ, montée en cage... Un baguier en rosette verte renfermant 20 à 25 bagues, dont une de grosse émeraude... ; une d'un onyx représentant le portrait de Louis XIII dont les cheveux et les moustaches sont en sardoine ; une d'un César de deux couleurs, entourée

de brillants..., une d'un Bacchus antique, gravée en
relief sur une cornaline ; une d'une sardoine jaune, gravée par Barrier, représentant Louis XIV, entourée sur
le corps de roses de Hollande fort vilaines ; une d'un
gros saphir en cœur, montée à jour et entourée de diamants sur le corps et sur la moitié de l'anneau... Plus
dans ce baguier, il y a un *bonus eventus* antique, gravé
sur un onyx ; deux brillants très beaux en boutons
d'oreilles..., une rose montée à jour de 258 brillants
blancs, dont un gros au milieu, cristallin, pesant 24
grains environ... ; une paire de boucles de souliers de
84 brillants ; une belle paire de girandoles en gros
brillants, de la valeur de 120 000 livres... ; un esclavage à double rang de perles avec sa chute, le tout
d'environ deux cents perles, pesant de 4 à 5 grains chaque ; un gros brillant au haut de la chute, pesant 25 à
26 grains, et au bas un gland à franges et son nœud, le
tout en brillants montés à jours ; une paire de bracelets
à six rangs de perles... ; le fond du bracelet est une
émeraude surmontée d'un chiffre en diamants en deux
L pour l'un, et d'un D et B pour l'autre, et deux cade-
nas de 4 brillants ; un rang de cent quatre perles enfi-
lées... ; un portrait de Louis XV peint par Massé,
entouré d'une bordure d'or à feuilles de laurier, ledit
portrait de 5 à 6 pouces de haut ; un autre portrait de
Louis XV peint par le même...

Deux girandoles d'or formant flambeaux montés sur
deux fûts de colonne d'or, émaillées en lapis, surmon-
tées de deux tourterelles d'argent, de carquois et de flè-
ches, faites par Durand ; un étui d'or émaillé en vert,
au bout duquel est une petite montre faite par Romilly,
entourée de quatre cercles de diamants, et de l'autre des
armoiries ; soixante-quatre chatons dans un seul fil,
formant collier, pesant 8, 9 et 10 grains chacun, en diamants montés à jour... ; un portrait de Louis XIV de
Petitot ; un autre portrait de feu Monsieur, tous les
deux en émail, ainsi qu'un portrait de femme également
de Petitot ; un écritoire de vieux laque superbe, enrichi

d'or et formant nécessaire, tous les ustensiles en or... ; deux petits flambeaux d'argent de toilette, perlés et armoriés ; une boîte de cristal de roche, couverte d'une double boîte travaillée à jour ; pièces d'or portugaises ; guinées et demi guinées d'Espagne ; une dite des Noailles ; des louis XV frappés à peu près dans cette forme : dans chaque angle de cette pièce sont des fleurs de lys ; une de M. Bignon, de M. de la Michodière, de M. Caumartin, aux armes de la Ville ; une de la Régence... Deux lorgnettes, l'une émaillée en bleu, l'autre en rouge avec le portrait du feu roi, toutes deux montées en or... Un reliquaire d'un pouce environ, d'un or très pur, émaillé en noir et blanc, une petite croix montée dessus assez gothiquement...

Ce n'est là qu'une partie du monceau éblouissant des objets dérobés. Cette notice fit grand bruit ; mais beaucoup ne voulurent point croire à la maladresse d'un pareil étalage, car en ce moment le plus sage était, pour les nobles, de se faire oublier. Mme Du Barry y avait intérèt plus que personne ; sa légende s'était grossie de toutes les haines accumulées contre les abus, et Marat lui-même, l'oracle de la populace, se chargeait de renseigner à ce sujet les lecteurs de l'*Ami du peuple*.

A la suite du vol des diamants, des menaces directes grondèrent contre la comtesse ; on dénonça ses grandes richesses, « acquises on sait comme », écrivait le journal : *Les Révolutions de Paris* ; et l'auteur imprimait cette phrase inquiétante à plus d'un titre, qui enregistrait les bruits courant Louveciennes et Marly : « On ne craint pas d'élever des doutes sur la réalité du vol ; la réduction considérable, dont les revenus de ladite dame sont menacés, lui a fait naître

CLAUDE SAINT-ANDRÉ.   11

l'idée, dit-on, de se rendre intéressante en se donnant pour victime d'un événement fâcheux et en se procurant un motif à l'indulgence de l'inexorable Assemblée Nationale. » Dès le premier jour, l'incident parut donc suspect. Ce fut l'opinion de beaucoup que le vol était feint, et entre autres de Zamor et de Salanave, domestiques de la châtelaine, qui déposeront dans ce sens devant le Tribunal révolutionnaire.

Il est singulier que Parker Forth, l'agent anglais, se soit trouvé dès le début mêlé à l'affaire. On le voit correspondre intimement avec Mme Du Barry à qui il fait de fréquentes visites, et chez qui il lui arrivera même de loger. Il se mettra à son service à Paris et à Londres, d'une façon qu'il est difficile de séparer de son rôle secret. On en viendra naturellement à l'accuser assez vite d'avoir machiné lui-même le vol de Louveciennes : « Quoi qu'il en soit, » dira Greive, l'implacable dénonciateur, « le vol mystérieux lui a servi de prétexte de faire de fréquents voyages à Londres, dont il paraît que les deux Cours ont profité pour faire passer des renseignements, etc., sans être dans le cas d'émigration... Cet art et cette prévoyance sont bien dignes de l'école de ce profond maître en machiavélisme, Forth. »

C'est à Londres que Forth faisait arrêter les voleurs. Mme Du Barry en était avertie le 15 février 1791, et elle partait aussitôt avec le vieux chevalier d'Escourre, aide de camp du duc de Brissac, une femme de chambre, deux laquais, un valet de chambre et le joaillier Roüen. A Calais, elle retrouvait Forth, s'embarquait avec lui à Boulogne, le 19 février, et descendait à Londres à une hôtellerie de Jermyn

street tenue par Grenier, ex-cuisinier du duc
d'Orléans.

La comtesse vit peu de monde à ce premier séjour ;
mais Mme de Calonne ne la quittait guère, non plus
que Forth, au dire d'un agent français, Blache, qui
la surveillait, et notait fort dangereusement pour elle
ses allées et venues. Elle était convoquée par le
Lord Maire et affirmait sous serment que les diamants lui appartenaient. Boydell, le Lord Maire,
« fit ses excuses de l'obliger à prêter serment chez
lui ; mais il la pria d'indiquer l'heure qui lui conviendrait, et vint lui-même la chercher dans sa voiture
de grand gala ; à son arrivée, Madame trouva un
banquet tout préparé. »

La comtesse quittait Londres le 1er mars, avec
Forth, sans que son procès fût même entamé, et, le
4, elle rentrait à Louveciennes. Avait-elle déjà une
mission à remplir ? et pour quel parti ? Il est
impossible d'émettre ici une supposition quelconque.
Le comte d'Artois avait séparé sa politique de celle
des Tuileries, car la Reine s'opposait énergique-
ment aux démarches des conseillers de son beau-
frère : Condé et Calonne. Un mois après son retour,
le 4 avril, Mme Du Barry repartait pour l'Angleterre
grâce au passeport que Montmorin lui délivrait.

Elle s'en allait, disait-elle, débrouiller une difficulté
de droit qui avait surgi en son procès. Le plus clair
de l'affaire est qu'elle partait munie d'une lettre de
crédit illimité émanant des banquiers contre-révolutionnaires Vandenyver, de Paris, pour les sieurs
P. Simond et J. Hankey, de Londres. Sa présence
n'empêchait pas qu'on relaxât les voleurs ; les bijoux

furent mis sous scellés et déposés dans une banque.

Pendant ce deuxième séjour elle loge à Margaret street, près d'Oxford circus. On lui fait fête ; elle retrouve dans ce salon d'exil une petite France toute d'esprit et d'élégance. Le crédit des Vandenyver lui a permis l'achat de deux chevaux anglais et bien des libéralités qui ne sont point inscrites sur son livre de comptes. On est surpris de la voir rentrer en France, le 21, et repartir précipitamment pour l'Angleterre, deux jours après.

Si la comtesse fait à l'étranger de la politique, ce n'est pas, du moins, au détriment de ses distractions, bien que, dès son arrivée, elle doive quelque temps garder la chambre, la traversée l'ayant rendue souffrante. Un billet d'elle à Mrs Boydell, femme du Lord Maire, mentionne cette indisposition :

La comtesse Bu Barry a l'honneur de faire mille compliments à Lady Mairesse, et de lui marquer, avec tous ses regrets, de ne pouvoir pas se rendre à son dîner dont elle se faisait une fête et un plaisir. La comtesse Du Barry a attendu jusqu'à ce moment, espérant qu'un grand mal de gorge qu'elle a serait passé ; mais elle voit avec peine qu'elle sera privée de voir aujourd'hui Lady Mairesse. La comtesse Du Barry prie Milady de témoigner tous ses respects à Lord Maire.

Londres, ce lundi 25 avril.

Bientôt, elle est de toutes les fêtes, de toutes les réceptions. Elle visite la Tour, Westminster ; elle assiste aux offices à Saint-Paul ; elle va danser au Vaux-Hall, et on la voit au Ranelagh-Garden, « un des jardins les plus brillants de l'Europe ».

Elle reçoit à dîner grand nombre d'Anglais et

d'émigrés, et leur donne à jouer. Elle est au mieux avec Mrs Hobart, petite-fille du duc de Lancaster et bientôt comtesse de Buckingham ; elle visite Sans-Souci, la maison de campagne de la belle dame qui a fait, paraît-il, « autant de conquêtes que le roi de Prusse ». Elle se lie d'amitié avec Mrs Sturt ; elle lui enverra de France des lettres délicieuses, pleines de doux souvenirs, auxquelles il sera répondu, dans la plus jolie langue, combien Londres a goûté « la bonne humeur et le bel esprit de la comtesse. »

Vers la fin de juin, Mme Du Barry voit arriver son ami Calonne, envoyé de Coblentz par le comte de Provence, afin de demander l'aide de William Pitt ou tout au moins sa neutralité. C'était après l'affaire de Varennes, et les frères du Roi ne songeaient qu'à l'invasion de la France par l'Europe coalisée ; il n'y avait alors rien à obtenir de l'Angleterre, qui ne se mêlera à la lutte qu'au jour de ses intérêts. Ce n'est pas en matière aussi grave, quoi qu'en ait pu dire le Tribunal révolutionnaire, qu'est intervenue Mme Du Barry. Il faut croire cependant qu'elle a mis son salon et ses relations anglaises au service de Calonne, pendant la durée de sa mission.

Après le départ de ce dernier, Mme Du Barry reste encore quelque temps à Londres ; et c'est alors que Cosway, le grand miniaturiste, esquisse d'elle le dernier portrait que nous ayons. Elle apparaît délicieuse sous ses cheveux bouclés ; le regard bleu des yeux étroits est rempli de tendresse ; elle est en robe blanche à peine dessinée, et un collier met des perles roses à son cou.

A Paris, Brissac l'attend, tremble peut-être pour

son amie ; elle-même songe à sa chère maison et on peut juger, par les ordres pressants qu'elle adresse à ses serviteurs, de l'ardeur du retour qui la presse. Elle arrive enfin, le 25 août 1791, toujours escortée de Forth qu'elle ne craint pas de loger chez elle. Que de changement, à Paris, depuis son départ ! quelle marche vertigineuse des événements que rien n'arrêtera plus ! le duc, sans plus d'illusions, porte en son cœur le deuil de la monarchie.

Mme Du Barry est toute à la joie de se retrouver « sur sa montagne », dans son Louveciennes si longtemps déserté ; et les visiteurs viennent de toutes parts prendre des nouvelles de parents, d'amis qu'on n'espère plus revoir avant la fin des troubles ; et tous aiment la comtesse à la voir ainsi courageuse et bonne. On se réunit chez elle comme dans la maison la plus sûre et les dîners y sont fréquents ; ce billet de M. de Brissac, écrit au lendemain d'une chasse royale, montre bien qu'en dépit des préoccupations politiques la vie suit son cours :

Ce 3 octobre 1791, lundi'

Mon petit dauphin est parti ; je suis sans lunettes ; je vous écris donc un seul mot qui les renferme tous : je vous aime et pour la vie, malgré les vieux et leur envie. Demain, j'irai dîner avec vous, et vous mènerai Mme de Bainville, l'abbé Biliardi et M. Le Goust. Nous avons fait huit lieues à cheval ; le Roi a tué trois faisans, et mon déjeuner à été un bon dîner. Je vous aime et vous embrasse de tout mon cœur. Je viens de faire un pâté dont je vous demande excuse. Rien de nouveau.

M. Bertrand, ancien intendant de Rennes, est nommé ministre de la Marine.

Mais les événements vont retenir en France Mme Du Barry pendant de longs mois, des mois de tourment et d'angoisse, où elle n'aura plus de cœur et de pensée que pour Brissac de qui les jours sont désormais comptés. Depuis l'arrestation du Roi à Varennes, la monarchie se défait. L'Assemblée achève la Constitution, change les institutions administratives et judiciaires, mais laisse subsister dans son ensemble l'armée royale. Seules sont désorganisées les maisons militaires du Roi et des princes, corps privilégiés que remplace, indépendamment de la garde d'honneur, une garde constitutionnelle choisie par le Roi.

Louis XVI nomma commandant en chef de ce corps celui qu'il savait la fidélité, l'honneur même, le duc de Brissac, et ce fut pour le gentilhomme l'arrêt de mort. La garde constitutionnelle, trop dévouée au Roi, parut suspecte dès les premiers jours. Bientôt, des gardes mécontents avertissent l'Assemblée législative de l'esprit royaliste de leur régiment ; les dénonciations signées ou anonymes se multiplient. Dans la séance du 29 mai 1792, elle est saisie d'un rapport de Basire ; elle déclare, d'urgence, « qu'il y a lieu à accusation contre le commandant en chef de la garde constitutionnelle, » et licencie ce corps.

Le décret fut rendu le 31 à une heure du matin ; inculpé de trahison, le duc de Brissac devait comparaître devant la Haute-Cour siégeant à Orléans. « Je courus en instruire le Roi et la Reine qui étaient couchés, » relatait plus tard le neveu du duc de Choiseul ; « ils m'envoyèrent dans l'appartement de M. de Brissac, lui proposer les moyens de fuir et lui donner un avis particulier. Il était dans son lit; je remplis ma mission. Je l'avertis que peut-être dans deux heures le décret d'accusation lui serait signifié, et je le pressai de profiter du dernier moment. Son âge, sa confiance dans son innocence ne lui permirent pas d'accepter ; et je dois dire que la seule chose dont il s'occupa fut d'écrire à Mme Du Barry, et de lui envoyer une longue lettre à Luciennes par son aide-de-camp, le jeune Maussabré. Sa seule pensée, sa seule sollicitude, étaient pour Mme Du Barry. »

Le matin de l'arrestation, à son réveil, la comtesse lut la longue lettre d'amour et d'adieu que Brissac avait écrite dans la nuit. On s'imagine le désespoir de la pauvre femme. En ce même moment, on transférait le duc à Orléans. Pendant deux jours, anxieusement, elle attendit des nouvelles ; enfin Maussabré annonçait :

Paris, ce 2 juin, à 3 heures du matin.

MADAME LA COMTESSE,

Je m'empresse de vous envoyer une lettre de M. le duc de Brissac par laquelle vous apprendrez qu'il est arrivé au lieu de sa destination sans qu'il lui soit arrivé le plus petit événement...

Votre très humble et très obéissant serviteur,

MAUSSABRÉ.

Une autre femme, la fille même de Brissac, la duchesse de Mortemart, ne vivait que d'angoisse, car elle ne savait de son père que l'arrestation. Malade, hors de France, ayant accompagné son mari en émigration, l'éloignement aggravait son inquiétude. De Spa, où elle prenait les eaux, elle écrivait à Mme Du Barry :

Reconnaîtrez-vous mon écriture, Madame ? Il y a trois ans que vous la vîtes dans un triste moment ; en voilà un bien plus triste encore pour votre amitié et pour mes sentiments. Ah ! que je souffre depuis deux jours ! Son courage, sa fermeté, les éloges dont on l'accable, les regrets que tous lui donnent, son innocence, rien ne peut calmer mon imagination effrayée. M. de — et moi voulions partir avant-hier ; plusieurs personnes de poids nous en ont empêchés. Ils y voyaient du danger pour mon époux, sans avantage pour mon père ; ils disaient que même sa qualité d'émigré pouvait lui nuire. Mais moi, Madame, est-ce que je ne pourrais lui être de quelque utilité ? Ne pourrais-je espérer de le voir ? Peut-on faire un crime à une femme malade d'avoir été prendre les eaux et le faire retomber sur son père ? Je ne le crois pas ; et c'est la seule chose que je craindrais. Si vous croyez que je puisse lui être bonne à quelque chose, à Paris ou à Orléans, ayez la bonté de me le mander et j'y volerai. Est-il un moyen d'avoir de ses nouvelles, d'avoir quelques communications avec lui ? Mandez-le moi, je vous supplie, et je le saisirai avec empressement. J'ai appris par un homme, qui peut-être vous est inconnu, que vous êtes partie pour Orléans. Ne trouvez pas mauvais que je vous dise que cette marque d'attachement pour celui qui m'est si cher vous acquiert des droits éternels sur mon cœur, et agréez, je vous prie, l'assurance des sentiments que je vous ai voués pour la vie.

Trouvez bon que je retranche les compliments de fin de lettre, et donnez-moi la même marque d'amitié. J'envoie cette lettre à quelqu'un de sûr à Paris, qui, j'espère, vous la fera parvenir sans inconvénient. Pardon de mon griffonnage.

Ce 5 de juin.

Brissac ne devait point revoir sa fille bien-aimée. En répondant à cette lettre émouvante, Mme Du Barry dut lui conseiller de ne pas repasser la frontière. Pendant ce temps, le prisonnier restait au secret jusqu'au moment où l'acte d'accusation arrivait à la Haute-Cour ; ce fut le 14 juin ; la comtesse put alors le voir. D'ordinaire, chaque jour il avait une lettre d'elle qu'apportait le cocher Augustin, et longuement il y répondait.

On avait enfermé le duc dans l'ancien couvent des Minimes, et il occupait la cellule que lui avait cédée M. de Lessart, l'ex-ministre des Affaires étrangères, parce qu'elle était la plus salubre. Un domestique était admis à le servir. « Les détenus ne pourront recevoir que dans leurs chambres respectives les personnes qui auront obtenu des permissions », dit un article du règlement des prisons ; et c'est là que le duc de Brissac eut la dernière joie de revoir son amie, car elle dut user plus d'une fois de la facilité des voyages et des permissions données.

Mme de Mortemart et Mme Du Barry étaient plus tranquilles sur le sort du prisonnier d'Orléans, depuis la ferme contenance du Roi dans la journée du 20 juin 1792. Il semblait que les partisans du trône eussent pris certains avantages, et la fille chérie du duc écrivait à la comtesse quelques mots plus rassurés :

Je vous rends un million de grâces, Madame, des nouvelles que vous avez eu la bonté de me donner. Comme votre lettre a été retardée, je ne l'ai reçue qu'avec des nouvelles de mon père de sa propre main, ce qui m'a fait grand plaisir. J'ai su depuis qu'il avait été interrogé et

La Conciergerie : le Préau des Femmes
d'après un dessin de COLLARD

n'était plus au secret. Le voilà aussi passablement que possible pour un prisonnier. Malgré son innocence reconnue, je crains que les procédures ne soient bien longues, et je me serais trouvée très heureuse, si j'avais pu lui être de quelque utilité ou de quelque agrément pendant sa retraite. Depuis quelques jours, on nous inquiète sur Paris ; on semble y craindre quelques troubles. On attend le duc de Brunswick à Coblentz et de l'argent avec une égale impatience. On disait ce soir que les Français avaient été battus à Menin, mais je n'en crois rien. Plusieurs petits détachements marchent pour les environner et leur couper le chemin de France, mais sûrement ils s'en tireront avec avantage. Je vais, d'après votre conseil et celui de plusieurs personnes, je vais continuer mes eaux qui puent horriblement et donnent la fièvre et la gale ; il faut croire pieusement que c'est pour le mieux, ainsi que le vilain temps qu'il fait depuis deux mois. Il faut surtout prendre patience ; c'est un grand remède. Adieu, Madame, pardon de mon griffonage ; recevez l'assurance du sincère attachement que je vous ai voué pour ma vie.

Ce 23 juin.

Aux frontières, cependant, la situation devient grave et le manifeste de Brunswick a secoué d'une émotion violente le peuple de Paris qui, devinant la connivence de Louis XVI, en veut encore plus au Roi qu'à l'ennemi. Brissac apprend la journée du 10 août, le massacre des Tuileries, l'internement au Temple de la famille royale ; à ces nouvelles, il pressent sa fin prochaine et, le jour même, rédige son testament. Il institue Mme de Mortemart sa légataire universelle et, après avoir exposé ses suprêmes volontés de chef de famille, il ajoute : « Je lui recommande aussi ardemement une personne qui m'est chère [Mme Du Barry], et que les malheurs des temps peuvent mettre dans la plus grande détresse. Ma fille aura de moi un codicille qui lui indiquera ce que je lui ordonne à ce sujet. »

Aussitôt après, de la même plume, le duc traçait ce billet pour celle qu'il savait désespérée :

> Ce samedi, 11 août, à Orléans, 6 heures du soir.
>
> J'ai reçu ce matin la plus aimable des lettres et celle qui depuis longtemps a plu davantage à mon cœur. Je vous en remercie. Je vous baise mille et mille fois ; oui, vous serez ma dernière pensée. Nous ignorons tous les détails. Je gémis, je frissonne. Ah ! cher cœur ! que ne puis-je être avec vous dans un désert ! Puisque je n'ai pu être qu'à Orléans, où il est fort fâcheux d'être, je vous baise mille et mille fois. Adieu, cher cœur. La ville est tranquille jusqu'à présent.

La comtesse pleurait à Louveciennes, ainsi qu'à Spa Mme de Mortemart. Le danger semblait imminent ; des pamphlets mettaient à prix la tête de Brissac, « ci-devant gouverneur de Paris, ci-devant commandant en chef des plaisirs de la Du Barry et de la garde du Roi, traître à la Nation... Voilà ce qui s'appelle une bonne aubaine pour la Haute-Cour nationale ! A qui pourra prévenir un accident et faire un petit Saint-Denis de M. Timoléon Cossé-Brissac, 12 000 livres. »

Ce rapprochement des noms rendait bien suspecte Mme Du Barry ; elle le devenait davantage à la suite d'une perquisition faite à Louveciennes, le 19 août, par un détachement de gardes nationaux, qui battaient les environs de Paris pour y trouver des conspirateurs. La comtesse abritait justement Maussabré, qui avait pris part à la défense des Tuileries, le 10 août ; depuis, très malade, il était soigné par la châtelaine. A l'arrivée des gardes, elle affirmait n'avoir chez elle que ses gens. Mais bientôt, ils découvraient le jeune aide-de-camp ; en vain, elle essaya de leur disputer cette proie ; que pouvaient les cris et les sanglots d'une femme contre des « sans-culottes » pris de vin ? Il était incarcéré à l'Abbaye où, quelques jours après, au massacre de Septembre, il trouvait une mort horrible. Effrayé par la populace qui envahissait la prison, il s'était réfugié dans une cheminée; « on a brûlé de la paille pour l'étourdir et le faire descendre ; il en est tombé, et on l'a fusillé sans l'entendre. » D'Escourre relatait ces affreux détails à Mme Du Barry.

Mais, en ce moment, elle craignait pour une vie autrement chère. Devant la nécessité de rappeler à Paris les gardes nationaux casernés à Orléans, l'Assemblée décrétait, le 2 septembre 1792, le transfert des prisonniers de la Haute-Cour au château de Saumur. Pour les escorter et les protéger, elle envoyait dix-huit cents hommes commandés par Fournier, l'Américain. Ce sinistre personnage commençait par livrer au pillage les effets des prévenus, puis, narguant les ordres reçus, prenait non la route de Saumur, mais celle de Paris. Les détenus, au nombre de cinquante-trois, furent assis sur la paille dans dix chariots. Partis d'Orléans le 3 septembre, aux cris de : « A bas les conspirateurs! A bas les traîtres! » le 6, ils eurent à Étampes un jour de halte ; à Arpajon, une nuit. Ils approchaient de Versailles, et

l'hostilité se faisait plus menaçante. On criait :
« Mort aux seigneurs ! » Brissac, de haute stature,
calme et beau parmi ses compagnons, était toujours
désigné par l'insulte. Il occupait le troisième char,
et portait un habit bleu à boutons d'or, des bottes à
l'écuyère, les cheveux roulés.

Le fidèle d'Escourre renseignait ainsi la comtesse
anxieuse :

Paris, ce 6 septembre 1792.

Les prisonniers d'Orléans arriveront demain à Versailles. On a envoyé deux commissaires de la Commune
au-devant d'eux pour dire à la garde nationale qui les mène
qu'elle a déjà enfreint la loi, et qu'elle devient responsable
de ce qui pourrait arriver aux prisonniers que l'on veut
juger légalement. Il faut espérer qu'ils arriveront sains
et saufs, et qu'en gagnant du temps on sauve leur vie.
L'Assemblée, d'ailleurs, lassée de sang, se propose de
donner une amnistie ; ce sacrifice n'est pas grand, quand
il n'y a pas de coupables...

Il m'est arrivé dix lettres d'Orléans pour des députés
actuels, pour les prier d'aller au-devant des malheurs
qui menaçaient les malheureux prisonniers qu'on avait
à Orléans, qu'on égorgera ici en arrivant. Je les ai toutes
fait remettre tout de suite. Mme de Maurepas, instruite
de la translation de M. le duc, voulait aller tout de
suite à l'Assemblée. On l'a retenue. Elle a écrit à
Danton et à l'abbé Fauchet. Mme de Flamarens et moi
avons porté les lettres ; elles ont vivement intéressé
l'abbé Fauchet...

J'ai l'âme et le corps accablés, et ne serai tranquille
que lorsque je saurai M. le duc à Versailles... J'y enver-
rai, si je ne puis y aller. Envoyez-y de votre côté, mais
surtout ménagez et évitez les démarches qui peuvent
devenir publiques, et vous nuire à l'un et à l'autre.

Le convoi arrive aux portes de Versailles vers une heure de l'après-midi. L'attente a excité la haine ; la cohue se presse menaçante à la rencontre des prisonniers. Les forcenés crient : « Livrez-nous au moins Brissac et Lessart ! » L'un d'eux a fermé la grille de la ville ; il faut rebrousser chemin ; et c'est à la fontaine des Quatre-Bornes que la horde déchaînée se jette sur les malheureux. La troupe s'est retirée ; ils sont assaillis à coups de sabres, de piques, de baïonnettes ; Brissac se défend, armé d'un couteau ; il a de terribles blessures au visage « portant sur le nez, la bouche et le front », mais encore debout, et cette fois avec un bâton, il frappe jusqu'à la fin.

A Louveciennes, tout le jour, Mme Du Barry épie de ses fenêtres le retour des gens envoyés. Chaque heure augmente sa fièvre ; le soir venu, elle n'ose pressentir l'horrible vérité quand le chant du *Ça ira* annonce dans le village un étrange cortège. Des hommes en haillons portent au bout d'une pique un trophée sanglant ; c'est la tête de Brissac, qu'ils lancent, avec des insultes, dans le salon de la malheureuse.

Depuis ce jour, Monsieur, disait-elle à un ami, je suis dans un état de douleur qu'il vous est aisé de concevoir. Le voilà consommé, ce crime effroyable, qui me livre à des regrets éternels ! Au milieu des horreurs qui m'environnent, ma santé se soutient. On ne meurt pas de douleur...

Puis, c'était à une autre femme, si chère au supplicié, que Mme Du Barry écrivait :

Personne n'a plus senti que moi, Madame, l'étendue de la perte que vous venez de faire. Je me flatte que vous

ne vous êtes pas méprise sur le motif qui m'a empêchée
de vous en faire plus tôt mon triste compliment, en mêlant mes larmes aux vôtres. La crainte d'augmenter votre
juste douleur m'empêchera de vous en parler. La mienne
est à son comble. Quelle fin ! Grand Dieu ! Le dernier
vœu de votre trop malheureux père, Madame, fut que
je vous chérisse en sœur ; ce vœu est trop conforme à
mon cœur pour qu'il ne soit pas rempli. Recevez-en l'assurance et [ne] doutez jamais des sentiments qui m'at-
tachent à vous pour le reste de ma vie.

Et Mme de Mortemart, versant les mêmes larmes,
répondait par les mêmes mots de douleur :

C'est ce matin, Madame, que j'ai reçu votre lettre du
22 septembre. Je dois vous remercier du bien qu'elle m'a
fait en diminuant un peu le serrement de mon cœur, et
me faisant verser quelques larmes. J'ai eu vingt fois la
plume à la main pour vous parler de ma douleur, pour
vous dire que mon cœur était déchiré, brisé, que depuis
le jour fatal où il quitta Paris, j'ai souffert, je souffre plus
que je ne puis vous l'exprimer ; mais j'ai cru prudent de
différer à vous écrire jusqu'à ce que je pus renfermer
quelques-uns des sentiments de mon cœur, d'un cœur
qui voudrait s'épancher dans le vôtre, qui partagez si bien
les sentiments du mien.

Le dernier vœu de celui que j'aime et regretterai toujours est celui de mon cœur : je vous aimerai en sœur,
et mon attachement pour vous ne finira qu'avec ma vie.
Le moindre de ses désirs sera un ordre sacré pour moi ;
je voudrais pouvoir exécuter tous ceux qu'il a eus ou dû
avoir dans ses derniers moments, et je n'épargnerai rien
pour les accomplir.

Pardon de mon griffonnage : j'ai des maux de tête qui
me font voir trouble.

Agréez, je vous prie, Madame, l'assurance de la sincère
amitié que je vous ai vouée à jamais.

Cliché Tallandier

Madame DU BARRY

Miniature de COSWAY

(Collection de M. Pierpont Morgan)

CHAPITRE VIII

L'ÉCHAFAUD

MADAME Du Barry, toute brisée encore de douleur, partait pour l'Angleterre un mois après la triste fin de son ami. Le motif était toujours le vol des diamants, mais elle en avait bien d'autres ; et d'abord le besoin d'échapper un moment à ces lieux de terrifiant souvenir, et aussi le désir de porter aux émigrés, qui l'attendaient, des nouvelles et des secours de France. Tout un an, ils avaient manqué du messager fidèle, de la bonne comtesse, et elle leur revenait meurtrie, d'autant plus compatissante qu'elle avait beaucoup pleuré, et souffert par ceux-là qui les faisaient souffrir.

Fut-elle un agent secret de l'émigration comme ses ennemis l'en ont alors formellement accusée ? Il lui était facile dans ses voyages de servir, entre autres choses, les espérances d'un parti et de se prêter, femme intelligente et souple, aux menées contre-révolutionnaires. Ses sympathies politiques bien connues, ses relations avec tant d'aristocrates, sa bonté attendrie trahiraient sa complicité si les pièces qui composent son dossier criminel n'étaient pas des preuves autrement convaincantes.

Ce quatrième départ se faisait dans des conditions plus dangereuses que les précédents. La monarchie était tombée, et les décrets rendus contre les émigrés devenaient d'une rigueur extrême. La comtesse prenait, vis-à-vis des autorités, toutes les garanties possibles pour s'assurer un tranquille déplacement. Son passeport était signé de Lebrun, ministre des Affaires étrangères, qu'elle avait connu et peut-être protégé lorsqu'il se trouvait parmi les secrétaires du chancelier Maupeou. Le jour même où la Convention abolissait la royauté, il lui envoyait ce billet encore plein d'une courtoisie d'ancien régime :

> Paris, ce 21 septembre 1792, l'an IVe de la Liberté et de l'Égalité.

J'ai l'honneur de vous prévenir, Madame, que vos passeports viennent enfin de me revenir de la municipalité, visés et parfaitement en règle. Je vous prie de vouloir bien envoyer une personne de confiance pour les prendre. J'ai cru qu'il était nécessaire de prendre cette précaution pour éviter qu'ils ne tombassent en d'autres mains. Je suis bien fâché des retards que vous avez éprouvés, mais vous devez être convaincue qu'ils ne proviennent pas de mon fait.

> *Le Ministre des Affaires étrangères,*
> LEBRUN

Et le 14 octobre, elle s'en allait, prenant modestement la diligence jusqu'à Calais. Elle emmenait la duchesse de Brancas, qui avait un passeport en règle, et la duchesse d'Aiguillon, qui passait pour sa femme de chambre. Cette fois, c'était le chevalier de La Bondie, neveu d'Escourre, qui accompagnait les voyageuses. La comtesse retrouvait à Londres toute l'émigration élégante, qui déjà lui avait fait un si cordial accueil. Mais le temps n'était plus aux distractions mondaines, comme lors de ses premiers voyages.

Elle était en grand deuil et triste parmi ses amis, eux-mêmes si accablés. Les nouvelles du continent arrivaient mauvaises : les alliés battus par les armées républicaines, les princes français traqués par les créanciers et, avec leurs compagnons d'exil, endurant toutes les affres de la misère.

En Angleterre, les secours sont mieux distribués : l'argent vient directement de France par les nouveaux expatriés et les agents secrets. Mme Du Barry est du nombre ; elle donne, elle se prodigue ; mais comment atteindre toutes les souffrances ? Chaque jour elles s'aggravent ; les prêtres surtout, par milliers, subissent des privations qu'un généreux accueil ne peut qu'atténuer. Mme Du Barry apporte son concours à l'œuvre des prélats réfugiés à Londres ; et dès l'arrivée du vénérable cardinal de La Rochefoucauld, archevêque de Rouen, on voit qu'elle met à sa disposition une somme de deux cent mille livres.

La comtesse s'était installée avec la duchesse de Brancas, dans une maison de Burton Street, Berkeley square, que leur avait cédée Mme de la Suze. Elle appelait la duchesse de Mortemart, et commençait avec elle cette « amitié de sœur » qu'avait souhaitée M. de Brissac. La princesse d'Hénin venait de même y loger, ainsi que l'abbé de Saint-Phar, M. de Breteuil, et un autre ministre de Louis XVI, Bertrand de Moleville.

Mme Du Barry fait ainsi sa compagnie habituelle du groupe des constitutionnels ; elle voit encore l'abbé Sabatier de Castres et M. de Curt, membre de l'Assemblée constituante ; elle-même fréquente chez M. de Narbonne où un espion l'aperçoit dans le

salon, avec M. de Talleyrand, « des ci-devants évêques
et des ci-devants seigneurs ». Au reste, elle est au
mieux avec tous les partis ; elle recevra, à leur arrivée,
les Bouillé comme les La Tour du Pin ; son salon
est indistinctement ouvert aux opinions les plus
diverses dont l'exil commun rapproche les représentants. On se plaît auprès d'elle, et tous lui rendent
justice ; mais il semble qu'elle multiplie les impru-
dences, et qu'en se mêlant intimement à la vie des
émigrés, elle veuille prendre sa part des haines qu'ils
déchaînent.

Le jeu a lieu le plus souvent chez Mme Du Barry.
Le peintre Danloux, qui s'est constitué le chroni-
queur indiscret de la société qui l'entoure, et qui
épargne si peu les réputations féminines de l'émigration, ne trouve rien à dire sur la conduite de la
comtesse. Tout au plus note-t-il qu'on joue parfois
gros jeu chez elle comme aux meilleurs jours.

La société anglaise, accueillante seulement aux
émigrés de marque, adopta avec grande cordialité
Mme Du Barry. Elle allait à Windsor pour être présentée à George III par le duc de Queensberry que
jeune elle avait connu à Paris sous le nom de William Douglas. Dans un billet familier et charmant
écrit à Queensberry afin de lui demander à dîner,
elle disait amener Mme de Brancas. C'est chez le duc
qu'elle achevait de se lier avec l'aristocratie anglaise
curieuse de sa célébrité, et charmée de tant de distinction et de grâce. Avec le jeune ministre William
Pitt, dès lors décidé à la guerre, elle a pu aborder
des sujets assez graves. Certaines de ces fréquenta-
tions lui seront un jour sévèrement reprochées : tel

ic billet de Lord Hawkesbury, saisi dans ses papiers,
aidera ses persécuteurs à établir de coupables complots
avec les ennemis de la France.

Le marquis de Bouillé a raconté, dans ses mémoires, la rencontre qu'il fit alors de l'ancienne favorite :

Dans le temps ou je soupais chez la maîtresse du
prince de Galles, je voyais fréquemment à Londres une
femme qui avait été également honorée de faveurs
royales... Elle était venue à Londres suivre un procès
qui l'occupait depuis plusieurs années au sujet du vol
de ses diamants, pour fuir le théâtre des scènes sanglantes
dont le duc de Brissac, son amant, venait, quelques mois
avant, d'être victime presque sous ses yeux, et où elle eut
l'imprudence et le malheur de retourner peu après, pour
y éprouver un sort non moins cruel. Elle logeait et vivait
avec la duchesse de Mortemart, fille de M. de Brissac,
dont, par un dévouement fatal, les intérêts la ramenèrent
en France... Mme Du Barry était alors âgée de près de
quarante sept ans... Cependant, quoique la fraîcheur et
le premier éclat de ses charmes eussent déjà disparu
depuis longtemps, il en restait encore assez de trace pour
laisser concevoir l'effet qu'ils avaient dû produire. On
retrouvait ses grands yeux bleus pleins de la plus douce
expression, ses beaux cheveux d'un blond châtain, sa jolie
bouche, la forme arrondie de son visage, dont le teint
échauffé ne détruisait pas l'agrément ; cette taille noble
et élégante qui, malgré un peu d'embonpoint, avait
encore de la souplesse et de la grâce ; enfin, ces formes
toutes voluptueuses que déguisait peu sa toilette, surtout
celle du matin. Son ton n'avait rien de commun, encore
moins de vulgaire. Nous étions absorbés par le sentiment douloureux de la situation du Roi et de la Reine ;
et ce dont je fus aussi frappé que touché, cette femme
qu'ils avaient l'un et l'autre traitée si durement à leur avènement au trône, ne pouvait distraire ses pensées de leurs
malheurs, et leur donnait des larmes aussi sincères que
continuelles.

La comtesse et ses amis redoutaient justement
les pires extrémités ; le 21 janvier 1793, Louis XVI
montait sur l'échafaud. La nouvelle arrivait à
Londres pendant la soirée, et les théâtres se fermaient
aussitôt ; les spectateurs quittèrent les salles de spectacles au chant du *God save the King*. Mme Du Barry
ne cacha point son chagrin ; dans ses voiles de deuil,
elle assistait à tous les services célébrés pour le repos
du roi « martyr » aux chapelles des ambassades catho-
liques ; elle eut ce courage du souvenir et de la pitié,
sans souci d'être épiée par les agents révolutionnaires.

Au lendemain de la mort de Louis XVI, l'Europe
se soulevait ; la Convention prenait l'offensive et, le
1er février, déclarait la guerre à l'Angleterre. Pitt
formait contre la France la première coalition, alors
que l'insurrection de la Chouannerie s'élargissait,
gagnait rapidement tous les pays de l'Ouest, et que
les troupes vendéennes, devenant « la grande armée
catholique », agissaient au nom de Louis XVII. Les
royalistes demeurés en France se faisaient les chefs
connus ou secrets de la rébellion. Mme Du Barry,
par ses capitaux placés à l'étranger, était en mesure
de rendre aux conspirateurs d'inappréciables services.
En janvier 1793, elle consentait de Londres, au duc
de Rohan-Chabot, un prêt de deux cent mille livres
versées par les banquiers Vandenyver, comme
d'autres prêts restés ignorés du Comité de Sûreté
générale. Ce déplacement de sommes énormes pour
l'époque, et en un tel moment, semble indiquer que
le duc a pu être mêlé au soulèvement des provinces
de l'Ouest, et qu'il a trouvé auprès de la comtesse
l'appui nécessaire à leur cause.

Quand Mme Du Barry revint en France, les scellés étaient apposés à Louveciennes. Pitt avait tâché de la retenir, lui prédisant sa fin certaine; mais elle alléguait des engagements d'honneur et, tremblante, s'en allait pourtant à la mort. Les passeports qu'elle possédait, pour elle et ses gens, fixant seulement à six semaines la durée de son séjour à Londres, elle dut, pour se mettre en règle, s'arrêter à Calais. Ayant fait les démarches nécessaires auprès du pouvoir exécutif, elle se remettait en route, le 18 mars.

Arrivée chez elle, son premier soin est d'écrire aux administrateurs du district; payant d'audace, elle se récrie des mesures sévères prises contre elle pendant son absence. Et la voyageuse rentrait dans ses biens au grand dépit des *patriotes* de la commune, peu nombreux d'ailleurs, de qui l'Anglais, Greive, récemment installé chez un aubergiste, soutenait les défaillantes ardeurs. Ce personnage énigmatique éveille la curiosité par son étrange vie. « Citoyen des États-Unis », il se réclamait des services qu'il prétendait avoir rendus à Washington et à Franklin. C'était, tout au moins, un fanatique révolutionnaire, ivre de son importance et, comme son ami Marat, homme de lettres. Louveciennes lui fut un centre d'opérations; l'ex-favorite, cette fleur de luxe et de raffinement, lui apparaissait comme l'image de l'élégante dépravation d'un régime détesté; son château, « un nid d'aristocrates, un rendez-vous de royalistes ».

Mme Du Barry ne se méfia guère au début. Elle retrouvait son Louveciennes bien triste sans l'ami disparu. Morin, son factotum dévoué, avait pris soin de la maison pendant l'absence; rien de changé dans

la jolie demeure que l'âme de la châtelaine. Son seul
désir était de retourner à Londres et elle usait de
tous les moyens possibles pour avoir un nouveau
passeport. Elle présentait partout le certificat confir-
mant la continuation de son procès, qu'avaient signé
Queensberry et Whitshed, « deux des plus bas valets
de George III, ennemis les plus acharnés de la
Révolution », dira Greive. Mais son crédit était
épuisé.

Pour donner le change à ses préoccupations, elle
tient table ouverte, et reçoit les nobles non émigrés
habitant la région : « Il existe, écrit Greive, une
chaîne d'aristocrates des deux sexes le long de la
Seine, et qui se tendent la main de Mantes jusqu'à
Rueil. » Mme Du Barry réunit les hôtes les plus
divers : une religieuse, Mme de La Porte ; l'abbé de
Fontenilles, neveu de l'abbesse de Pont-aux-Dames ; la
jolie princesse Lubomirska, et le chevalier d'Escourre,
le cousin Juilhac, l'abbé Beliardi, le colonel Morgan,
le marquis de Donnissan, le prince Charles de Rohan
et surtout le duc de Rohan-Chabot. La princesse de
Rohan-Rochefort est devenue l'intime, la confidente
de la comtesse ; elles voisinent, se prêtent leurs amis
devenus rares par l'émigration.

En ce moment, les revers des armées républicaines
sont le signal de menaces nouvelles contre les nobles
demeurés en France. Même dans le village de Louveciennes ces événements ont une inquiétante réper-
cussion. La société populaire du lieu est dirigée par
Greive, appuyé de Blache, l'agent qui, à Londres, a
espionné Mme Du Barry. Salanave, un des officiers
de la comtesse, entraîne Zamor à faire partie de ce

club républicain ; dès lors, nulle pitié ne la gardera plus de ses adversaires, et les jours d'anarchie, à la chute des Girondins, viendront faciliter la tâche de la haine.

Greive profite des lois de répression pour rédiger, le 26 juin 1793, une adresse signée par trente-six habitants du village, « dans le but d'éveiller l'attention paternelle des administrateurs sur les périls de la patrie, et sur les grandes mesures à prendre ». Blache écrit de son côté que « la maison de cette femme est le refuge ou le rendez-vous de tous les scélérats qui conspirent contre notre malheureuse patrie. » Et ils dressent la liste des aristocrates de Louveciennes ; Mme Du Barry et trois de ses domestiques sont sur cette liste et, le soir même, on procède à leur arrestation. Ses gens sont transférés à la prison de Versailles ; mais elle et ses parentes demeurent au château, sous la surveillance d'un gendarme qu'elle doit payer. Cette détention à domicile ne paraît pas d'abord alarmer ses intimes, et la princesse Lubomirska s'offre à venir s'enfermer avec elle. L'obligeante Polonaise, qui professe, elle aussi, « un culte » pour Mme Du Barry, ne peut se douter du malheur que lui attire cette proposition que dicte l'amitié.

Une nouvelle adresse de Greive fait dire à Thuriot, président de la Convention : « Les faits que vous venez de dénoncer contre elle sont graves ; soyez sûrs que, s'ils sont prouvés, sa tête tombera sur l'échafaud. » Le danger apparaît imminent et les Rohan, La Bondie, Juilhac, Escourre, multiplient les démarches auprès du Directoire et du district de Seine-et-Oise.

Mais plus influent que Greive était La Vallery, membre du Directoire, qui avait déjà rendu
service à la comtesse, et prenait sa défense avec
une ferveur singulière : « Soyez convaincue », lui
écrivait-il, « que, s'il est des occasions où je désire
donner du prix à mon travail, vous avez droit à les
faire naître. Votre sexe vous donne le droit de
désirer la tranquillité, et votre amabilité... Mille
pardons, citoyenne ; un républicain et un inconnu
ne doit parler que la langue des affaires. Agréez
l'assurance de mon respect et de tout l'intérêt que
vous avez droit d'inspirer. »

Le charme de la « citoyenne » Du Barry est donc
encore tout puissant. Greive lui-même fut séduit
par tant de grâce, et sa haine, a-t-on dit, n'était
qu'un malheureux amour. Certes, la conduite de cet
homme peut suffisamment s'expliquer par la seule
passion politique exaspérée jusqu'à la fureur ; cependant, celle qu'il appelle « la bacchante couronnée de
lierre et de roses » va bientôt l'accuser des pires
audaces : « Il a commencé par s'emparer de la personne de l'exposante », écrira-t-elle ; « la plume se
refuse à retracer toutes les horreurs et les outrages
dont il s'est rendu coupable. »

Si cela est vrai, comme elle a repoussé avec indignation le sinistre personnage, et accepté avec
reconnaissance une loyale protection ! Epouvantée de
l'acharnement qu'on mettait à lui nuire, menacée
dans sa liberté, dans son existence même, toute fris-
sonnante encore du supplice de Brissac, elle s'abandonnait à ce parfait gentilhomme, au fier Rohan-
Chabot. Et ce dernier attachement serait demeuré

secret si une lettre égarée parmi les papiers de Mme Du Barry n'était venu la trahir. Elle est sans signature, mais Greive l'a tenue dans ses mains et, avec cette divination semblable de la haine et de l'amour, a su mettre au bas des lignes le nom qu'il convenait. Sur le cachet de cire brune, un cœur enflammé, on lit : A VOUS POUR TOUJOURS. En envoyant probablement un portrait de Brissac, le duc écrit à la comtesse :

7 septembre 1793

Je vous envoie, ma chère et tendre amie, le tableau que vous avez désiré ; triste et funeste présent, mais que je sens autant que vous-même que vous avez dû désirer. Dans une telle situation que la nôtre, avec de si grands sujets de peines et de malheurs, c'est un aliment à notre mélancolie que nous cherchons, et qui nous convient au delà de tout...

Venez donc, cher amour, passer deux jours ici ; venez dîner chez moi avec qui vous choisirez ; donnez-moi quelques instants de bonheur ; il n'en est plus qu'avec vous ; répondez-moi sur tout ce que je vous demande ; venez voir un moment qui vous aime au-delà de tout, par dessus tout, jusqu'au dernier moment de sa vie. Je baise mille fois la plus charmante des femmes qu'il y ait au monde, et dont le cœur si noble et si bon mérite un attachement éternel.

Cette lettre au temps de la Terreur est d'autant plus touchante que, pour les deux amants, le péril grandit d'heure en heure. Le 17 septembre, est décrétée la loi des suspects contre « ceux qui, soit par leur conduite, soit par leurs relations, soit par leurs propos ou leurs écrits, se sont montrés partisans de la tyrannie ou du fédéralisme, et ennemis de la liberté. » Le soin d'appliquer cette incertaine défi-

nition est confié aux membres des comités de surveillance ; ils dressent une liste dans les communes
et procèdent aux arrestations. Le comité de Sûreté
générale se réorganise ce même mois avec des Monta-
gnards choisis par le comité de Salut public ; l'inquisition policière est désormais sans limite, et Greive
va porter les derniers coups à sa victime.

Depuis le jour où la châtelaine fut remise en
liberté, il a sourdement travaillé le village pour
l'ameuter contre elle. Afin de justifier la férocité avec
laquelle il poursuit cette femme, il imprime une brochure où il fait appel aux plus bas sentiments de
la foule : « Mort à la courtisane de Louveciennes,
à la bacchante couronnée de lierre et de roses ! »
s'écrie-t-il.

Le Comité « arrête que la femme nommée Dubarry,
demeurant à Louveciennes, sera arrêtée et conduite à
la maison de Sainte-Pélagie, à Paris, pour y être détenue... comme suspecte d'incivisme et d'aristocratie. Les
scellés seront mis sur ses effets, perquisition sera faite
de ses papiers... »

Trois mille livres sont mises par le Comité à la
disposition de Greive pour les dépenses nécessaires
à l'exécution de son mandat. Le 22 septembre,
accompagné du maire de la commune, des officiers
municipaux, de deux gendarmes, il vient, à l'improviste, apposer les scellés à Louveciennes. La pauvre
femme se précipite dans sa chambre pour essayer
de faire disparaître les papiers qui lui restent encore.
Greive, qui se méfie, l'a suivie ; il saisit sur la table
correspondance et imprimés ; une lutte s'engage ;
elle lui arrache les lettres, visant surtout les signa-

tures ; mais l'homme a vite raison de sa faiblesse ; il l'entraîne, la fait monter dans la voiture publique, et l'on se dirige vers Paris.

Au bas de la « montagne de Bougival », le cortège rencontre d'Escourre en cabriolet. Greive lui ordonne de descendre et prend sa place avec la prisonnière. Tout fait croire qu'à certaines conditions, il lui offrit alors la vie sauve ; mais à pareil marché, elle préféra être écrouée, le soir même, à la prison de Sainte-Pélagie.

« Le corps de logis destiné pour les femmes, écrit Mme Roland, est divisé en longs corridors fort étroits, de l'un des côtés desquels sont de petites cellules... Chaque cellule est fermée par un gros verrou à clé, qu'un homme vient ouvrir tous les matins... ; alors, leurs habitantes se réunissent dans les corridors, sur les escaliers, dans une petite cour ou dans une salle humide et puante... » Avec Mme Roland, la comtesse trouvait, parmi les détenues, Mmes de Gouy et de Créquy-Montmorency, Mlles de Moncrif, les femmes de Brissot et de Pétion, ainsi que les neuf actrices des Français, incarcérées depuis le 3 septembre et, parmi elles, Mlle Raucourt, cette reine Didon de qui autrefois, à Versailles, elle soutint les brillants débuts. Au lendemain de l'incarcération, la nouvelle venue dictait pour Henriette Couture, une de ses femmes laissée libre, un billet plein encore d'une courageuse sérénité :

A la citoyenne Henriette, à Luciennes.

Je fais donner de mes nouvelles à Henriette. Je me porte bien ; j'ai trouvé ici tout ce qui m'était nécessaire, et une personne aimable avec qui je fais chambrée. Donnez-moi des nouvelles de ceux qui sont restés, si on a mis les scellés partout chez moi, si les habitants ont fait une pétition pour me réclamer.

Mme Du Barry garde donc quelque espoir de recouvrer sa liberté ; elle serait moins tranquille si elle savait les Vandenyver, père et fils, arrêtés, et leurs papiers saisis comme les siens. Et voici qu'un appui vient encore à lui manquer ; l'obligeant administrateur de Seine-et-Oise, La Vallery, s'est suicidé. Dénoncé par Greive comme l'homme de la ci-devant comtesse, décrété d'accusation par la Convention pour une affaire de subsistances, sûr du sort qui l'attend, il se jette dans la Seine près du pont de la Râpée.

Pendant ce temps, Greive et Salanave, usant de pouvoirs obtenus du Comité de Sûreté générale, brisaient les scellés et faisaient l'inventaire des richesses de Louveciennes ; puis ils les confiaient à la surveillance de Zamor et de dix gardes nationaux. Greive s'était emparé des papiers échappés à la destruction et demeurés dans les meubles et les tiroirs ; minutieusement il les dépouillait, les comparait, les annotait, et en composait ainsi le plus chargé des dossiers criminels. Jamais affaire ne fut mieux instruite, ni menée avec plus d'ardeur. Cet homme savait toute chose de l'existence de la comtesse, initié, ainsi qu'il l'était, aux détails intimes de sa vie par la délation des domestiques, et pouvant y ajouter le rapport de l'espionnage à Londres.

Les lettres saisies sont apostillées, comme on le voit encore, de la mince écriture du dénonciateur ; une fiche épinglée complète parfois les renseignements.

Ce sont des accusations toujours précises avec faits à l'appui. Parmi tant de griefs, quelques-uns semblent puérils, beaucoup d'autres restent significatifs et propres à exciter les colères du moment. C'est l'histoire reconstituée d'une conspiratrice dévouée à ses amis jusqu'à la témérité, jusqu'au sacrifice de ses jours. Greive, en quelques pages, dégage la culpabilité de l'accusée ; il prépare avec une habileté infernale l'œuvre des magistrats instructeurs. A lire son travail sans parti pris, et à le rapprocher des pièces authentiques qui lui ont servi, il faut bien se rendre à l'évidence : Mme Du Barry violait les lois révolutionnaires, trahissait de son mieux la République.

Chefs d'accusation contre la Du Barry.

1° Elle a joui d'une grande faveur auprès de la couronne de France, même après sa prétendue disgrâce, et elle a été liée avec ceux qui sont aujourd'hui nos plus cruels ennemis jusqu'à l'époque de la Révolution...

Preuves. Les lettres de Calonne, de Villedeuil, de Durvey, banquier de la Cour et successeur de Beaujon, etc.

2° Elle a continué ses liaisons avec eux depuis la Révolution...

Preuves. Dans sa correspondance et intimité avec Brissac, avec sa fille, la ci-devante duchesse de Mortemart..., comme il paraît tant par sa correspondance avec, que par les notes et billets qui indiquent suffisamment ce fait... et par le témoignage du citoyen Blache et autres témoins oculaires ; par son intimité avec le ci-devant chevalier de Coigny, dont la commission auprès des puissances coalisées de la part du tyran est constatée ;... par son intimité avec le ci-devant duc de Coigny, son père, émigré ; avec la femme Brunoy, émigrée ; avec l'ambassadrice de Portugal, parente de Lafayette,

une de nos plus acharnées ennemies ; avec la ci-devante
duchesse de Brancas... avec le ci-devant marquis de
Nesle, émigré ; avec le ci-devant marquis de La Vau-
palière, émigré ; avec la ci-devante comtesse de Laigle ;
avec le ci-devant chevalier de Durfort... ; avec la Bour-
dic, comme il paraît par les pièces annexées, où celle-ci,
arrêtée à Versailles, lui recommandait un jeune homme
qui « pense à merveille » ; avec la Vougny, émigrée,
pour laquelle on voit, par les pièces, qu'elle ainsi que
Brissac ont travaillé tant à Londres qu'à Paris pour lui
obtenir des passeports ; avec Breteuil ; avec le nommé
Laroche, ex-vicaire d'Agen, abbé de Fontenilles ou de
Laigle, guillotiné sur la place de la Révolution, il y a
un mois ; avec de Boisséson, émigré, qui a épousé sa
nièce, ci-devant major du régiment des Dragons de
Condé, dont le lieutenant-colonel était Jaucourt (voyez
une lettre de Boisséson à Brissac... où il parle de ses
principes, etc.) ; avec le Graillet, émigré, ci-devant garde
d'Artois, le même dont on a trouvé les titres de noblesse,
brevets, etc,, enterrés dans le jardin à Louveciennes...
(la fille à Graillet restait toujours chez la Du Barry ; sa
mère est détenue à Versailles sur la dénonciation très
récente d'une section) ; avec la femme d'Harvelay,
aujourd'hui Calonne, comme il appert par les mémoires
de son voyage à Londres, par une bague par exemple
donnée à la femme Calonne... par de l'argent donné à
son cocher... par des liaisons avec la femme de Le Brun,
le peintre... ; avec d'Aiguillon mère et fils (Blache le
prouvera)... ; avec Narbonne... ; avec la ci-devante princesse d'Hénin (Blache le prouvera) ; avec Forth, le
fameux espion anglais, qui a adroitement profité de son
vol réel ou prétendu de diamants pour la rendre un
instrument utile aux desseins des cours des Tuileries et
de Londres ; (voyez ses lettres, les instructions de Brissac, les fréquents voyages de son courrier et valet de
chambre Peuchet, de Londres à Paris, de Paris à Londres ; une lettre de Forth... dont elle a déchiré la signature, parce que le 10 août, ou du moins la lutte entre la

liberté et la royauté approchait ; et le scélérat Béthune-
Charost m'a avoué, à moi, que Forth était à Paris à
cette époque pour aider la Cour ; l'usage qu'elle a fait
à cette époque de d'Angremont, exécuté depuis pour
avoir recruté pour la Cour et qui roulait Paris dans la
voiture de la Du Barry conduite par ses chevaux) ; par
ses liaisons avec ce même d'Angremont, comme il
appert par une pièce annexée, où [il] obtient huit fusils
de l'administration de police de Paris en vertu d'un
ordre signé Perron, sous prétexte d'une demande qui n'a
jamais existé de la part de sa municipalité de Louveciennes, fait dont tous les habitants de celle-ci peuvent
témoigner (c'était donc pour armer son château ; et,
remarquez-en l'époque, c'était au commencement de
l'année 1790, où tous les ci-devant seigneurs cherchèrent
à s'armer en vomissant des horreurs contre la garde
nationale) ; par ses liaisons avec Berthier, ci-devant
intendant de Paris, qui s'est réfugié chez elle... ; avec
le ci-devant chevalier d'Escourre, écuyer de Brissac,
renfermé à la Force... qui a été l'agent intermédiaire
pour les sommes prêtées à l'évêque de Rouen, le cardinal de La Rochefoucauld, fils de la ci-devante duchesse
de Danville, ainsi qu'à Rohan-Chabot, beau-fils de la
même duchesse de Danville, amie de Condorcet; (outre
les prêts faits par la Du Barry à l'évêque de Rouen, il
paraît, d'après les comptes de Vandenyver, que ces
deux chevaliers, ainsi que le vicomte de Juilhac, émigré et ancien officier de cavalerie, ont tous touché à la
même époque des sommes considérables de la Du Barry);
avec la ci-devante princesse de Rohan-Rochefort... ; avec
ce scélérat La Vallery, administrateur *suicidé* de Seine-
et-Oise...

3° Elle a entretenu une correspondance avec les émigrés...

Preuves. Diverses lettres trouvées chez elle; sa correspondance et communication avec la Mortemart... ; le
fait qu'elle a passé la nuit de la mort de Brissac à brûler
des lettres (nous avons des témoins de ce fait à Louve-

ciennes) ; qu'on a trouvé chez elle un état de orces des-
tinées pour les Pays-Bas, daté de Luxembourg, comme
venant de Vienne. Voyez les pièces que vous avez et
notamment une petite lettre datée de Bruxelles, dont
vous trouverez l'enveloppe parmi les pièces que je vous
remets aujourd'hui, et dont les armes ducales paraissent
être celles du ci-devant prince de Ligne...

4° Elle a fourni de l'argent pour la contre-révolution...

Preuves. L'ordre donné à son banquier, en 1793 (au
mois de janvier), de payer la somme de 200 000 livres,
dans la semaine, à l'évêque de Rouen ; cet ordre a été
donné à Londres, à l'instant que Pitt nous préparait
la guerre intérieure et extérieure, et que, malgré son
prétendu attachement à la France, elle vivait dans la
plus grande intimité avec le duc de Queensberry, le lord
Hawkesbury, le lord Longhborough, chancelier, le lord
Thurlow, ex-chancelier d'Angleterre, le lord Pembroke,
qui commande aujourd'hui la cavalerie anglaise contre
nous dans les Pays-Bas, Wisthed-Keane, premier gentilhomme de la garde-robe et favori de George III, enfin,
avec tous les ennemis les plus acharnés de la France,
à Londres ! Toutes les pièces que nous avons trouvées
chez elle le prouvent, ainsi que le témoignage de Blache
et autres, et que je prouverai moi-même d'après les
pièces à vous transmises... Le prêt de 200 000 livres
fait le même mois à Rohan-Chabot... Celui fait à
l'évêque de Rouen... de pareille somme, par ordre
donné à son banquier de Londres, du mois de janvier.

5° Elle a toujours escompté sur la contre-révolution...

Preuves. Son argenterie renfermée dans une cachette
dans sa cave, ses diamants, son or et pierres précieuses
enterrés dans son jardin... Pourquoi les a-t-elle fait
cacher, au lieu de les donner ou les vendre à la République ? La réponse est claire...

6° Elle a tenu des propos contre-révolutionnaires
contre la Révolution et contre Paris...

7° Elle a porté le deuil du tyran à Londres, où elle n'a
fréquenté que les émigrés et les ennemis de la France...

8° Elle a toujours détesté la Révolution, propagé l'esprit contre-révolutionnaire, encouragé les détracteurs de la Révolution et protégé les royalistes...

Preuves. Les innombrables écrits, brochures et estampes contre-révolutionnaires trouvés chez elle, sans l'exception d'un seul écrit patriotique ; son abonnement pour tous les journaux aristocratiques, en s'attachant, après chaque révolution que nous avons essuyée, à tous ceux qui approchaient le plus de sa façon de penser, en commençant par les *Actes des Apôtres* et la *Gazette de Paris* et, en suivant par gradations, la *Gazette universelle*, la correspondance politique de Du Pont et les écrits contre-révolutionnaires des fédéralistes ; la preuve en est dans les pièces et dans la médaille de Pitt trouvée cachée dans la chambre de sa favorite et confidente, la Roussel.

9° Elle a toujours favorisé les contre-révolutionnaires et persécuté les patriotes...

10° Elle a favorisé les ennemis extérieurs...

Preuves. Dans ses fréquents voyages à Londres aux époques les plus remarquables de la Révolution ; dans les instructions à elle données par Brissac ; dans la faveur dont elle jouissait à la cour de Londres à l'instant même que cette même cour chassa de l'Angleterre, de la manière la plus atroce, tous les Français patriotes, car elle y a restée jusqu'au milieu du mois de mars quoique la guerre eût été déclarée au commencement de février, et que loin d'être chassée de Londres, elle n'est revenue qu'en suite de la nouvelle de l'apposition des scellés chez elle, à Louveciennes, et qu'elle a demandé à retourner à Londres huit jours après son arrivée... témoins le journal de ses voyages, le mouvement qu'elle s'est donnée à cet effet auprès de Lebrun, et les pièces qui certifient la prétendue nécessité de se présenter à Londres le 14 avril, (elle était arrivée chez elle le 23 mars), certificat signé par des courtisans les plus avilis de la cour du tyran George... par la médaille de Pitt, les écrits de Coblentz, Rome, Londres, etc., etc...

11° Elle a dilapidé les trésors de l'État...

Preuves...

12° Elle a cherché à soustraire ses trésors en voyant l'attention politique éveillée sur le compte de son fait scandaleux, de sa conduite contre-révolutionnaire...

Preuves. En ce que malgré l'assurance qu'elle avait donnée au district de Versailles qu'il ne lui restait que « très peu d'argenterie », elle en avait déterré une quantité énorme cachée auparavant dans un mur... dont elle avait fait passer une partie à Paris, à différentes reprises... Elle en a vendu une forte caisse par l'entremise d'un abbé... Elle avait déjà essayé de vendre ses diamants en Hollande, en 1790, (voyez les lettres de Vandenyver), et ensuite de leur retour, le mois de novembre de la même année, un vol réel ou prétendu, (il existe deux pièces parmi les diamants en or trouvés enfouis dans la terre, dont on trouve la description parmi les les pièces prétendu perdues,) les a fait passer... en Angleterre où ils sont, *et où l'on reconnaît qu'ils lui appartiennent quoique nul voleur n'ait eu une égratignure pour les avoir volés !...*

13° Quoi qu'il en soit, le vol mystérieux lui a servi de prétexte de faire de fréquents voyages à Londres, dont il paraît que les deux cours ont profité pour faire passer des renseignements...

Quel privilège donc a-t-elle, la Du Barry, de jouer ainsi impunément avec les lois ?...

Le régime de la Terreur, sous lequel on prétendait « tuable » celui qu'effleurait un simple soupçon, ne devait pas, on le pense, épargner Mme Du Barry. Une fois arrêtée, sa condamnation était certaine : une seule des accusations portées contre elle suffisait, et Greive les accumula si nombreuses, justifiées par les témoignages et les faits. La guillotine était alors en permanence à Paris et dans les départements. Le 16 octobre, Marie-Antoinette s'en allait à la mort comme à la délivrance ; le 31, les Girondins montaient sur l'échafaud ; le 8 novembre, Mme Roland ; le 12, Bailly. Il fallait au peuple des têtes fameuses : l' « aristocrate » de Louveciennes ne pouvait être plus longtemps épargnée.

A Sainte-Pélagie, Mme Du Barry abandonnée, sans nouvelles, trouvait encore l'énergie de faire appel à la pitié du Comité, et s'il n'avait fallu que de l'intelligence, de la volonté pour sauver la malheureuse, elle l'eût été par elle-même. Dans cette âme, où ne furent jamais qu'indulgence et bonté, un souffle de haine a passé contre Greive, l'homme qui lui a lié les mains pour la traîner au supplice. En quelques lignes de mépris, elle l'accuse, implorant le tribunal intraitable :

C'est pour la seconde fois que la citoyenne Du Barry, victime de la dénonciation, comparaît devant le Comité de Sûreté générale. Les membres ne sont plus les mêmes, mais les principes qui les dirigent sont les mêmes ; tous sont également conduits par le même esprit d'équité et d'impartialité, ainsi c'est avec la confiance la plus entière qu'elle verra de nouveau sa conduite scrutée par ceux à qui les circonstances, sans doute, en font une loi.

Il importe d'abord de faire connaître le dénonciateur. Il s'est nommé lui-même. Le citoyen Greive, après avoir cherché par un libelle diffamatoire à perdre l'exposante dans l'opinion publique, a fait de vaines poursuites auprès du Comité pour surprendre sa religion ; l'innocence a triomphé, mais le dénonciateur ne s'est pas rebuté ; il a osé l'écrire et enfin, le Comité de Sûreté générale renouvelé, il a renouvelé sa dénonciation.

On ne peut apprendre sans frémir que c'est le même Greive qui a été chargé de mettre à exécution l'ordre du Comité ; la manière dont il s'en est acquitté fera connaîre

toute son animosité contre l'exposante, et les conséquences funestes qui pourraient en résulter si la sagesse
du Comité n'était pour elle une sauvegarde qui la met
au-dessus de toute crainte.

Toutes les formes ont été violées ; l'ordre même du
Comité n'a pas été un frein pour lui, il l'a transgressé
formellement. Il a commencé par s'emparer de la personne de l'exposante. *La plume se refuse à retracer toutes
les horreurs et outrages dont il s'est rendu coupable...* Il
a procédé à l'ouverture, même à l'effraction des portes, et
enfin à la vérification des papiers.

La loi qui est la sauvegarde de tous, la justice, l'ordre
même du Comité voulaient que cette vérification fût faite
en présence de l'exposante. En effet, quelle ressource lui
reste-t-il si la perversité de ses ennemis parvient à lui
supposer des papiers suspects ? Quel recours aura-t-elle ?
Contre qui exercera-t-elle ce recours si l'on parvient à
lui soustraire quelques effets ? Le citoyen Greive est un
étranger n'ayant pas de domicile, puisqu'il est tantôt à
Paris, tantôt à Luciennes, logeant chez des citoyens qui
lui sont étrangers et n'ayant aucun moyen connu pour
vivre.

Aux actes arbitraires si contraires à la loi, le citoyen
Greive a même ajouté l'inhumanité de faire enlever à
l'exposante ses assignats, de lui refuser l'usage de son linge
et des fruits de son potager, de façon qu'il l'a exclue de
la maison pour s'en emparer, pour se mettre en son lieu
et place. Que le Comité d'après cet exposé juge s'il était
digne de sa confiance.

L'exposante ne se plaint pas de la dureté des mesures
prises contre elle ; tant que ces mesures auront pour
cause la sûreté publique et seront dirigées par la justice,
elle saura souffrir avec patience et supporter son sort sans
se plaindre... Mais elle attend des membres du Comité
qu'ils voudront bien examiner sa conduite le plus tôt possible, pour statuer sur son compte avec connaissance de
cause... En effet, que peut-on lui imputer ?

Ses voyages en Angleterre ? La cause en est connue,

et elle les a faits de l'aveu des autorités constituées ; pour ne pas même donner de soupçons sur son attachement à la cause de la Révolution, elle a repassé en France sans avoir terminé l'affaire qui l'avait appelée à Londres ; celle de ses effets volés qui ne lui étaient pas encore restitués ; depuis, elle n'a tenu aucune correspondance avec l'étranger.

Lui reproche-t-on son incivisme ? Mais elle a toujours manifesté un patriotisme bien prononcé. La municipalité et les habitants de Louveciennes l'ont attesté bien authentiquement ; toutes les informations faites par le district de Versailles et le département de Seine-et-Oise déposent hautement en sa faveur ; toutes les pièces ont été mises sous les yeux de l'ancien Comité ; que les membres actuels veuillent se les faire représenter.

Forte de ces moyens et rassurée par sa conduite et sa conscience, l'exposante attend avec confiance la décision qui doit lui rendre sa liberté.

Mais Greive a remis son rapport au Comité ; deux membres, Voulland et Jagot, se sont rendus, le 30 octobre, à la maison d'arrêt et font subir le premier interrogatoire à « la nommée Du Barry ». Elle essaye de se justifier avec une présence d'esprit qu'elle gardera jusqu'à la fin, ne livrant, ne trahissant personne, comme le prouvent les pièces conservées.

Convention Nationale. — Comité de Sûreté générale.

(Du 9 du 2ᵉ mois de l'an II de la République une et indivisible.)

D. Comment vous appelez-vous ?

R. Jeanne Vaubernier Du Barry, âgée de 42 ans (*sic*), demeurant ordinairement à Luciennes dans une maison qui appartient tant à moi qu'à la nation.

D. Avez-vous fait à Londres divers voyages ?

R. J'en ai fait quatre.

D. Quels étaient les motifs de ces différents voyages et à quelles époques les avez-vous faits ?

R. C'est pour un vol de diamants et autres effets, qui m'a été fait dans la nuit du 10 au 11 janvier 1791.

.   .   .   .

D. Le temps que vous deviez passer à Londres n'était-il pas limité dans votre passeport ?

R. Le temps n'était pas limité et ne pouvait pas l'être raisonnablement, puisqu'il s'agissait d'un procès.

D. Pendant le temps que vous étiez à Londres, il est émané de la Convention nationale divers décrets qui obligeaient tous les Français, sortis de la République depuis une certaine époque, d'y rentrer sous peine d'être réputés émigrés et d'être traités comme tels. En avez-vous eu connaissance ?

R. J'ai eu connaissance de ces décrets, mais je n'ai pas cru qu'ils pussent me regarder, étant sortie pour une cause connue et avec un passeport.

D. Des personnes qui s'intéressaient à vous vous ont écrit pour vous engager à rentrer en France... Pourquoi avez-vous négligé cet avis ?

R. Je ne me rappelle pas d'avoir reçu aucune lettre contenant un pareil avis ; si j'en eusse reçu, j'y aurais déféré.

A l'instant, nous avons exhibé une lettre par laquelle le citoyen Vandenyver écrivait, le 19 novembre 1792, à la répondante, pour la prévenir que « les décrets de la Convention Nationale étaient fulminants » contre ce qu'il appelle « les sujets absents, qu'on qualifiait tous d'émigrés ». La répondante, en reconnaissant la présente lettre, a exhibé de la phrase suivante : « Cependant je pense que vous ne pouvez pas être regardée comme telle, attendu les passeports dont vous êtes munie et qu'il est notoire que le voyage n'a eu d'autre but que le procès qui est connu généralement. » Sur cette phrase la répondante a fondé le motif qui l'a déterminée à prolonger son séjour à Londres... Et de suite nous avons paraphé la dite lettre avec la répondante qui a signé avec nous.

L'interrogatoire se poursuit sur les prêts d'argent. Mme Du Barry avoue les deux cent mille livres prêtées à Rohan-Chabot, mais elle nie tout le reste.

D. N'avez-vous pas prêté à la même époque, par l'intermédiaire de Vandenyver, une somme de 200 000 livres à l'évêque de Rouen ?

R. Non, ça ne peut être que celle prêtée à Rohan-Chabot, et je persiste à dire que c'est à cette seule personne que j'ai prêté 200 000 livres.

Et de suite nous avons présenté à la répondante une lettre à elle écrite pendant son séjour à Londres, en date du 7 janvier 1793, par Vandenyver, où l'on lit ce qui suit : « C'est dans ces circonstances qu'un citoyen est venu nous dire que votre intention était que vous lui fournissiez une somme de 200 000 livres pour les prêter à l'évêque de Rouen par hypothèque sur des biens-fonds, et qu'il faudrait les payer cette semaine... »

L'accusée se défend encore au sujet de lettres signées Custine, qu'elle prétend avoir emportées par mégarde de l'hôtel de Brissac, « en écrivant un jour sur un bureau ». Elle est de même minutieusement interrogée sur toute la correspondance trouvée chez elle. Elle répond avec simplicité, trouvant toujours une explication, ne cherchant pas à dissimuler des relations devenues évidentes par la saisie des papiers et qu'elle doit montrer toutes naturelles. Elle s'explique ainsi sur la princesse de Rohan-Rochefort, la princesse Lubomirska, la marquise et la duchesse de Mortemart, sans un mot imprudent. Ses juges insistent à plusieurs reprises sur l'argent donné aux émigrés réfugiés à Londres.

D. Donnez-nous l'explication d'un compte tenu par vous et d'après lequel vous avez distribué beaucoup de

guinées à diverses personnes à Londres, telles que les
nommés Pauline, Henriette, Fortuné, M. Melino et Frondeville ?

R. La nommée Pauline est Mme de Mortemart, la
nommée Henriette est ma femme de chambre, le nommé
Fortuné est Anglais, M. Melino est Anglais, Frondeville
est le président du Parlement de Rouen. Les sommes que
j'ai comptées à Mme de Mortemart étaient pour les effets
dont j'avais besoin ; celles distribuées à Henriette, ma
femme de chambre, avaient le même objet ; Melino,
étant chargé de la conduite de mon procès, avait fait
des avances que j'ai dû lui rembourser ; les nommés
Fortuné et Frondeville étaient chargés de jouer pour
mon compte.

D'autres questions suivent, sur « la véracité » de
l'état des diamants volés, sur le numéraire que la
comtesse a gardé chez elle, ce qui est un très grave
délit. Elle signe enfin le procès-verbal avec Jagot et
Voulland.

Le surlendemain, 11 brumaire, an II, les mêmes
représentants du peuple se rendaient à la Force
pour l'interrogatoire de Vandenyver père. Le banquier questionné sur les opérations de la comtesse ne
pouvait, malgré son extrême prudence, dissimuler
certains mouvements d'argent, ni le scandale d'une
immense fortune mise au service des ennemis de
l'État.

Mme Du Barry restait deux mois dans sa prison
au secret absolu. Mais alors elle eut la visite d'un de
ces prêtres courageux, qui s'introduisaient dans les
cachots pour porter aux malheureux les consolations
de la Foi. On voudrait croire à l'authenticité d'une
anecdote, qui est du moins conforme au caractère de

Mme Du Barry, et qu'il faudrait placer à l'époque de sa détention à Sainte-Pélagie :

Un peu avant que la comtesse Du Barry fût guillotinée, le 8 décembre 1793, un prêtre irlandais trouva le moyen d'aller la voir dans la prison, et lui offrit de la sauver si elle pouvait lui fournir une certaine somme d'argent pour gagner les geôliers et faire le voyage. Elle lui demanda s'il ne pouvait pas sauver deux personnes ; il lui répondit que son plan ne lui permettait pas d'en sauver plus d'une. « En ce cas, dit Mme Du Barry, je vous donnerai bien un ordre sur mon banquier pour toucher la somme nécessaire, mais j'aime mieux que ce soit la duchesse de Mortemart qui échappe à la mort que moi. Elle est cachée dans un grenier de telle maison à Calais ; voici un mandat sur mon banquier, volez à son secours. » Le prêtre, après avoir essayé de lui permettre de la tirer elle-même de la prison, la voyant résolue à préférer la duchesse, prit le mandat, toucha l'argent, fut à Calais, tira la duchesse de Mortemart de sa retraite, la déguisa en femme du commun et, la prenant sous le bras, la fit voyager à pied avec lui, disant qu'il était un bon prêtre constitutionnel et marié avec cette femme ; on criait *bravo!* et on le laissait passer. Il traversa ainsi les armées françaises et vint à Ostende d'où il passa en Angleterre avec Mme de Mortemart que j'ai vue depuis à Londres, écrit Dutens, qui a la réputation d'un anecdotier véridique.

Quel qu'ait été le service rendu par Mme Du Barry à la fille du duc de Brissac, il est certain que, dans la prison, elle songea souvent à elle. Revenue en France avec la pensée de lui être utile, il resta de notoriété, parmi les émigrés, qu'elle s'était sacrifiée à cette affection.

Le résultat des interrogatoires et du dépouillement

des pièces rendait inévitable la décision du Comité d[e]
Sûreté générale. Par arrêté du 29 brumaire, Mme D[u]
Barry est traduite devant le Tribunal révolution[-]
naire, comme « prévenue d'émigration et d'avoir
pendant le séjour qu'elle a fait à Londres..., fourn[i]
des secours pécuniaires aux émigrés... et entretenu
avec eux des rapports suspects ». Le 2 frimaire (2[2]
novembre), la prisonnière amenée au Palais comparaît devant René-François Dumas, vice-président d[u]
Tribunal révolutionnaire, qui l'interroge à nouveau
en présence de Fouquier-Tinville, l'accusateur public.
Elle répond avec assurance, acceptant bravement les
responsabilités de sa vie d'amoureuse, repoussant
avec énergie les graves accusations. Dumas la retient
pendant une heure entière. Rentrée dans sa prison, afin de fléchir ce Fouquier qu'elle sent pourtant implacable, elle lui écrit, ne faisant appel qu'à
son équité :

CITOYEN ACCUSATEUR PUBLIC,

J'espère que tu voudras bien, dans l'examen impar-
tial que tu feras de l'affaire malheureuse que Greive et
consorts m'ont suscitée au tribunal, ne voir en moi que
la victime d'une intrigue pour me perdre.

Je n'ai jamais émigré, je n'en ai même jamais eu
l'intention...

L'emploi que j'ai fait des deux cent mille livres
qu'Escourre a placées pour moi chez le citoyen Rohan doit
le prouver jusqu'à l'évidence aux yeux les plus prévenus.

Je n'ai jamais fourni d'argent aux émigrés ; je n'ai
jamais entretenu de correspondance criminelle avec eux
et, si les circonstances m'ont engagée à voir, soit à Londres, soit en France, ou des personnes de la Cour ou
des personnes qui ne marchaient peut-être pas dans le

sens de la Révolution, j'espère bien, citoyen Accusateur public, que tu sauras, dans la justice et l'équité de ton cœur, apprécier et les circonstances où je me suis toujours trouvée et mes liaisons connues et forcées avec le citoyen Brissac, dont la correspondance est sous vos yeux.

Je compte sur ta justice ; tu peux compter sur la reconnaissance éternelle de ta concitoyenne,

VAUBERNIER DU BARRY.

Si Fouquier-Tinville daigna jeter les yeux sur ce billet, il y répondait le 13 frimaire, en déposant l'acte d'accusation, et en requérant d'urgence le transport à la Conciergerie de l'accusée et de ses complices. Le lendemain, ils étaient écroués dans cette prison d'où l'on ne sortait guère que pour aller à l'échafaud.

Le 16 frimaire (6 décembre), à neuf heures du matin, Mme Du Barry et les trois Vandenyver comparaissent devant le terrible tribunal, ayant pour défenseurs officieux Chauveau-Lagarde et Lafleuterie. Dumas, vice-président, fait fonction de président de l'audience ; Fouquier-Tinville s'assure que les jurés « solides » sont présents, comme Prieur et Trinchard. Les accusés se sont assis ; ils font bonne contenance ; Mme Du Barry, malgré les privations, les veilles, les larmes, est encore forte, et elle regarde sans trembler tous ces témoins qui vont la charger à outrance ; Zamor, qu'elle a élevé ; Salanave, vingt ans officier de sa maison ; ses domestiques ; ces habitants de Louveciennes pour qui elle n'a eu que bonté, et dont l'ingratitude s'appelle en l'occurrence du patriotisme. Mais de quels yeux a-t-elle contemplé Greive, assis à la première place, couvant sa proie, cette belle dédai-

gneuse qui le méprise assez pour encore lui préférer
la mort ?

Dans la grande salle de la Liberté, les spectateurs
sont nombreux, l'accusée principale est célèbre, le
drame qui se déroule, émouvant, obscur, compliqué.
Il ne reste des débats que les notes prises par Fouquier-
Tinville et le juré Topino-Lebrun sur les réponses
faites au président Dumas.

La comtesse est tout d'abord interrogée. Dans le
grand silence, sa voix douce énumère son nom, le
lieu de sa naissance, et son âge dont, par une dernière
coquetterie, elle n'avoue que quarante-deux ans ; bien
assez jolie, d'ailleurs, pour qu'on la croie et que le
regard des hommes le lui disent. Ainsi note Fouquier : « 1° Jeanne Vaubernier, femme Du Barry,
séparée de droit, quarante-deux ans, née à Vaucouleurs, en Lorraine, demeurant à Louveciennes ;
2° Jean-Baptiste Vandenyver, 66 ans, banquier hollandais, né à Amsterdam, demeurant rue Vivienne ;
3° Edme-Jean-Baptiste Vandenyver, 32 ans, banquier, né à Paris ; 4° Antoine-Auguste Vendenyver,
29 ans, banquier, né à Paris ». Le greffier Wolt
donne lecture de l'acte d'accusation, les témoins prêtent serment, et Greive est appelé à la barre. Placé sur
le premier gradin du tribunal, Fouquier-Tinville,
appuyé sur deux grands cartons, écrit la déposition
de sa plume rapide :

Georges Greive, né en Angleterre et député des
États-Unis d'Amérique. — La Du Barry a empêché le
recrutement à Luciennes. — On a trouvé, dans la nuit
du 22 septembre dernier, jour de son arrestation, une
quantité d'argenterie dans un endroit servant à rece-

voir les outils de jardinier... et le fameux service d'or,
pierreries, émeraudes ; et dans un autre endroit, enfouis, des louis, des écus de six livres, plus des bronzes,
le buste de Louis XV... Plus, trouvé dans la chambre
de la femme Roussel la médaille de Pitt cachée sous
du son. Plus un grand nombre de pièces annoncées
avoir été volées, un porte-crayon, une lorgnette d'or...

Forth, l'espion anglais est venu à Paris en 1777. Ce
Forth a été récompensé par une pension considérable et
faisait des voyages de Paris à Londres et vice-versa, de
Londres à Paris...

La Du Barry avait différentes demeures à Paris ; il y
a eu des rassemblements d'une foule d'émigrés ou de
parents de ces derniers. — Au retour du voyage de la
Du Barry, il a été présenté au déclarant, le 26 mars 1793,
un certificat anglais signé par le duc Queensberry, grand
ennemi de la Révolution. C'est d'après ce certificat
qu'elle a sollicité tous ses passeports... — A vu Forth
venir et fréquenter la Du Barry. — L'opinion générale
du pays est que le vol était prétendu, qu'au surplus ce
vol réel ou faux a servi de prétexte à Forth... — Elle a
déclaré dans son interrogatoire que, lors de son retour
en mars 1793, son procès était fini. Alors pourquoi le certificat portait-il qu'il y avait nécessité qu'elle retour-
nât en Angleterre ?...

Dumas, maintenant, l'interroge. Si, dans l'émotion d'une surprise, sa première réponse est mala-
droite, elle reprend vite son sang-froid et montre
autant de ruse et d'intelligence que l'habile président.
Mais l'évidence n'est-elle pas contre elle ? La salle
écoute, silencieuse. Parmi les rangs pressés, quel est
celui qui dira à Rohan-Chabot désespéré les derniers
mots de sa maîtresse ? La comtesse le connaît peut-
être et puise dans sa présence le courage qu'il lui
faut pour ne pas défaillir.

Escourre, détenu à la Force, est appelé pour l'affaire des prêts d'argent dont il a été le négociateur. Mais il s'embrouille dans ses explications ; ce témoin à décharge, si attaché à la comtesse, se trouble, se contredit, ne fait que la desservir. Fouquier se lève, requiert procès-verbal des tergiversations du témoin, et ordonne qu'il soit conduit séance tenante à la Conciergerie, « à l'effet d'être poursuivi comme un prévenu de faux et de complicité dans une correspondance criminelle et contre-révolutionnaire ». C'est pour lui la guillotine.

Après cet incident, si défavorable à l'accusée, le défilé continue à la barre. On appelle Zamor ; Greive l'a désigné comme un des principaux témoins. Il ne déclare que des choses déjà connues ; ce qu'il veut établir surtout, c'est l'invraisemblance du vol des diamants :

« Le déclarant a regardé comme une idée le vol des diamants... Il a été annoncé que l'on s'était introduit par le jardin à l'aide d'un carreau cassé, et on ne s'est point aperçu d'autres effractions, sinon qu'il y avait quelques barreaux forcés. Sait que les objets les plus précieux étaient dans la chambre de la Du Barry. Il croit que le vol n'était pas réel... »

Henriette Couture, la jeune femme de chambre de la comtesse, est dans la peur mortelle d'être compromise ; elle reconnaît, en balbutiant, qu'après l'arrestation de Brissac l'accusée a passé la nuit à brûler des papiers.

Le président passe à l'interrogatoire des Vandenyver ; ils ont à répondre sur les affaires de Mme Du

Barry, les lettres de crédit qu'ils lui ont données, les prêts d'argent qu'elle a faits par leur entremise, et aussi sur leurs propres relations avec Calonne et les Tuileries. L'intérêt des débats est épuisé. On sait d'avance que les banquiers auront le sort de leur cliente.

Fouquier-Tinville se lève pour prononcer le réquisitoire. Afin que le morceau soit digne du procès de « l'infâme conspiratrice », il a préparé avec soin son « exorde » et sa « péroraison ». Les brouillons chargés de ratures sont encore dans le dossier, et l'on reconnaît le ton de l'orateur révolutionnaire à ces phrases boursouflées, à ce débordement d'hyperboles :

Exorde.

Citoyens Jurés,

Vous avez prononcé sur les complots de l'épouse du dernier tyran des Français ; vous avez dans ce moment à prononcer sur les conspirations de la courtisane de son infâme prédécesseur... Vous avez à décider si cette Messaline, née parmi le peuple, enrichie et couverte des dépouilles du peuple qui payait l'opprobre de ses mœurs, descendue par la mort du tyran du rang où le crime seul l'avait placée, a conspiré contre la liberté et la souveraineté du peuple ; si après avoir été la complice et l'instrument du libertinage des Rois, elle est devenue l'agente des conspirations des tyrans, des nobles et des prêtres contre la République française. Les débats, citoyens jurés, ont déjà jeté sur cette conspiration le plus grand jour. Vous avez dû saisir les traits de lumière que les dépositions des témoins et les pièces ont fourni sur ce vaste complot, sur cette conjuration exécrable dont les annales des peuples ne fournissent point d'exemple ; et certes jamais affaire plus importante ne s'est présentée à votre décision, puisqu'elle vous offre en quelque sorte le nœud principal des trames de Pitt et de tous ses complices contre la France...

Il convient donc de vous remettre sous les yeux les détails de cette conspiration, et de la part qu'y ont prise la courtisane des despotes et ses complices.

. . . .

Péroraison.

Tel est, citoyens jurés, le résultat des débats qui ont eu lieu. C'est à vous à les peser dans votre sagesse. Vous voyez que royalistes, fédéralistes, toutes ces factions divisées entre elles en apparence, ont toutes le même centre, le même objet, le même but. La guerre extérieure, celle de la Vendée, les troubles du Midi, l'insurrection départementale du Calvados, tout a le même principe partout et les mêmes chefs, d'Artois et Péthion ; tous marchent sous les ordres de Pitt, et si le voile qui couvrait tant de scélératesse n'avait en quelque sorte été que levé, on peut dire aujourd'hui qu'il est déchiré en entier, et il ne reste aux conspirateurs que la honte et le châtiment de leurs infâmes complots. Oui, Français, nous le jurons, les traîtres périront et la liberté seule subsistera. Elle a résisté et elle résistera à tous les efforts des despotes coalisés, de leurs esclaves, de leurs prêtres et de leurs infâmes courtisanes. De cette horde de brigands ligués contre elle, le peuple terrassera tous ses ennemis. L'infâme conspiratrice qui est devant vous pouvait, au sein de l'opulence acquise par ses débauches, vivre au sein d'une patrie qui paraissait avoir enseveli avec le tyran dont elle avait été la digne compagne, le souvenir de sa prostitution et du scandale de son élévation. Mais la liberté du peuple a été un crime à ses yeux ; il fallait qu'il fût esclave et qu'il rampât sous des maîtres, et que le plus pur de la substance du peuple fût consacré à payer ses plaisirs. Cet exemple, ajouté à tant d'autres, prouve de plus en plus que le libertinage et les mauvaises mœurs sont les plus grands ennemis de la liberté et du bonheur des peuples.

En frappant du glaive de la loi une Messaline coupable d'une conspiration contre la patrie, non seulement vous vengerez la République de ses attentats, mais vous arracherez un scandale public et vous affermirez l'empire des mœurs, qui est la première base de l'empire des peuples.

Le verbiage haineux de l'accusateur public n'ajoute rien à la conviction des jurés établie par les témoignages ; les défenseurs, qui après lui prennent la parole, ne sauraient l'ébranler. C'est Chauveau-Lagarde, l'avocat de Marie-Antoinette, qui présente la défense de Mme Du Barry. Dumas résume les débats ; le jury sort et revient avec une réponse affirmative sur toutes les questions. Il est onze heures du soir ; on ramène les accusés pour écouter la sentence :

Attendu qu'il est constant qu'il a été pratiqué des machinations et entretenu des intelligences avec les ennemis de l'État et leurs agents...

Que Jeanne Vaubernier, femme Du Barry, demeurant à Luciennes, ci-devant courtisane, est convaincue d'être l'un des auteurs ou complices de ces machinations et intelligences ;

Que Jean-Baptiste Vandenyver, banquier hollandais, domicilié à Paris, Edme-Jean-Baptiste Vandenyver, banquier à Paris, et Antoine-Augustin Vandenyver, banquier à Paris, sont convaincus d'être les complices de ces machinations et intelligences ;

Ouï l'accusateur public en ses conclusions sur l'application de la loi :

Condamne ladite Jeanne Vaubernier, femme Du Barry, lesdits J.-B. Vandenyver, E.-J.-B. Vandenyver et A.-A. Vandenyver à la peine de mort.

La pauvre femme, déjà brisée par ces longues

journées d'émotions, s'évanouissait. Les gendarmes la soutinrent jusqu'à son cachot, et l'on songe à cette nuit de détresse dans les ténèbres. Au matin, les cheveux coupés et revêtue de la robe des condamnées, elle demandait de nouveau à être entendue. Entre deux guichets de la Conciergerie, elle déclarait avoir enfoui dans son jardin ou remis à ses domestiques : « un service d'or, des boîtes à bijoux, des chaînes de diamants, des bagues, des portraits de Louis XV, des miniatures de femme, des couverts armoriés, « deux poignards turcs montés en rubis et autres pierres... »

Dans cette énumération de richesses cachées, sa mémoire, sous l'effet de la fièvre, est d'une sûreté merveilleuse ; mais il n'est point vrai que, pour sauver sa vie, elle ait vendu celle des autres. Aucune pièce ne l'indique. Si elle nomme comme dépositaires la femme Déliant et Denis Morin, elle prend sur elle toute la responsabilité de leurs actes. Morin dira de même, quand il avouera les trésors à lui confiés : « Je n'ai agi que par les ordres de Madame. »

Les révélations de la condamnée retardaient le moment de l'exécution. A quatre heures et demie du soir seulement, les mains liées au dos, elle prenait place dans la charrette avec les trois Vandenyver. On était au 18 frimaire de l'an II (8 décembre 1793), et la nuit devenait noire. Le convoi avançait assez vite dans les rues mal éclairées du vieux Paris ; par un froid rigoureux la foule ne stationnait pas. Il est peu probable qu'on pût distinguer, comme on l'a dit, la pâleur de la pauvre femme ou entendre les paroles d'encouragement du plus âgé des Vandenyver. Elle était complètement abattue, ployée sur la banquette ainsi que tant d'autres menés à la guillotine. Car si le plus grand nombre mourait avec courage, quelle trahison des forces chez certains, quelle défaillance au pied de l'échafaud !

Pour la faire descendre, l'aide-bourreau la prit dans ses bras et la porta jusque sous le couperet. C'est alors que, sortant de sa torpeur, « elle jeta un cri affreux », un long cri qui n'avait rien d'humain, où passa l'épouvante de son agonie. Comme on lui a reproché cette révolte et cette angoisse ! Et, cependant, sa mort ressemble à une immolation ; si ses fragiles nerfs de femme n'en ont pu supporter les apprêts, qu'un peu de pitié, quand même, aille à son corps supplicié, un mot de douceur à sa mémoire !

LETTRES INÉDITES

RELATIVES A MADAME DU BARRY [1]

LA BEAUMELLE A SON FRÈRE
(EXTRAIT)

[Mars 1769.]

... Vous avez su la chute du Roi ; elle n'est pas dangereuse et n'aura aucune suite ; mais elle a retardé l'installation et la présentation de la nouvelle favorite à Sa Majesté et à Mesdames. C'est Mme la comtesse Du Barry, née Beauvernier, fille d'un chirurgien de Paris [2], appelée l'Ange, à cause de sa séraphique beauté, mariée au chevalier Du Barry, de Lévignac, fort connu de toute la terre, par conséquent belle-sœur de Melle Chon du Barry, mon ancienne amie, avec qui je n'ai point été du dernier bien, mais du pénultième. Or, cette Melle Du Barry, dès que le mariage entre Melle Beauvernier et son frère eût été projeté par le marquis Du Barry, depuis longtemps établi à Paris (et le mariage fut projeté dès

1. Nous réunissons ici les documents intéressants à divers titres pour notre sujet, qui n'ont pas trouvé place dans le texte du livre. Seuls, ne sont point strictement inédits les autographes Morrison qui figurent au catalogue *privated* de cette collection ; ce sont, du moins, des pièces entièrement ignorées, puisqu'aucun biographe de Voltaire ne les a connues.
2. Le lecteur relèvera aisément les inexactitudes recueillies dans cette lettre.

le moment que le marquis, qui la mitonnait chez lui depuis trois ans, s'aperçut qu'elle plaisait au Roi), Melle Du Barry, dis-je, partit pour la capitale, assista à la cérémonie et suivit la nouvelle comtesse à la Cour, où elle eut bientôt un appartement dans un entresol attenant à celui de sa belle-sœur, laquelle eut celui du comte de la Marche, attenant à celui du Roi. Il serait trop long de vous raconter tout... Melle Du Barry amuse fort le Roi, ne quitte pas sa belle-sœur, lui prête son esprit pour répondre aux billets du Roi qui sont fréquents. Je n'ai su ces détails que vers le 15 de janvier. J'écrivis tout de suite à ma bonne et ancienne amie une lettre convenable, et par le même courrier je demandai à M. de Saint-Florentin, la permission de retourner à Paris pour y poursuivre une affaire...

(Archives de la famille Angliviel.
Communication de M. Achille Taphanel.)

MADAME DENIS A VOLTAIRE

(EXTRAITS)

Paris, 10 août [1769].

Je profite, mon cher ami, du départ de M. Desgranges pour vous parler à cœur ouvert. Les choses sont toujours dans le même état à la Cour ; il y a deux partis, celui du Roi et celui du ministre. Ces deux grands intérêts ne se rapprochent pas, mais le duc ne soutiendra pas cela encore longtemps.

Le Roi aime passionnément Mme Du Barry ; cependant il n'y a encore que cinq femmes qui veuillent la voir et, en hommes, M. de Soubise, le chancelier, M. le comte de Maillebois, qu'elle a bien remis auprès du Roi, le Maréchal, toute la clique, tous les mécontents et tous les ennemis du duc, ce qui fait un très grand nombre de gens.

...Loin d'avoir peur actuellement [1], je crois, mon cher ami, que ce serait le moment de venir à Paris. Voyez, tâtez-vous. J'ai engagé un homme, qui ne veut pas encore que je vous le nomme, d'engager Mme Du Barry de parler de vous au Roi, en lui disant qu'elle a fort envie de vous voir. Nous verrons ce que le Roi répondra. *Il ne faut pas que M. de Choiseul le sache.* J'aurai la réponse dans huit jours au plus tard. Si cette réponse est favorable, ayant cette femme auprès du Roi pour vous, et les Choiseul vous aimant, je crois qu'il n'y à pas à balancer. Tablez premièrement que la Cour, la Ville et le Palais sont intimement persuadés que vous êtes l'auteur de l'*Histoire du Parlement,* que la Cour et la Ville en sont fort aise, que le Palais en est fâché, c'est-à-dire le Parlement, car le reste de la robe en est enchantée... Vous n'avez pas d'idée combien la Cour et la Ville désiraient que vous envoyassiez un désistement de cet ouvrage. M. de Praslin le dit dix fois aux Anges ; M. de Sartine et M. Bertin me le firent dire. Tout le monde était intimement persuadé qu'il était de vous et voulait vous mettre à couvert. On se disait : « Il est de lui comme l'histoire de Louis XIV, mais il faut dire qu'il ne l'est pas. » Quand on est porté comme cela par le public, il n'y a jamais rien à craindre.

Je serai en état de vous mander dans huit jours la réponse du Roi. Je l'appellerai *M. de Vime,* Mme Du Barry *Mme Lelong,* vous *M. Talon,* et M. de Choiseul mon beau-frère. Retenez bien cela, mon cher ami, je vous prie. Quand nous aurons cette réponse, consultez-vous bien, je ne vous conseille rien, je vous mets au fait

---

1. Voltaire s'inquiétait, à cause de la publication qu'il venait de faire de l'*Histoire des Parlements.*

de tout, en vous mettant bien la bride sur le col. Le public a un grand désir de vous voir, et la crême de ce public en sera enchantée. Faites ce qu'il vous plaira. Ce qui me divertit, c'est que votre solitude sera un peu secouée, et je n'en serai pas fâchée. J'oubliais de vous dire que, si vous venez, il faut dire que ce n'est *que pour trois mois*. Je vous offre mon appartement, qui est très commode ; il faut que vous le preniez ; vous trouverez un ménage tout monté. Comme vous recevrez toute la France, il faut que vous soyez décemment...

Adieu, mon ami, je tombe de lassitude. Souvenez-vous bien qu'il faudra que *vous accordiez Mme Du Barry avec M. de Choiseul.* Si vous venez à bout de cela, on pourra dire que vous êtes un grand courtisan. Je ne saurais quitter ce papier ; consultez-vous bien, quand vous aurez la réponse de M. de Vime et de Mme Lelong, et soyez sûr qu'il n'y a rien que je ne fasse pour tâcher de vous rendre heureux et pour vous prouver combien mes sentiments pour vous sont tendres et inviolables.

Paris, 29 août.

Je ne comprends rien à ce que me marque Mme Daumard [Voltaire]. Depuis plus de trois mois, elle me dit que les discussions qu'elle a avec sa famille et bien d'autres raisons l'engageront à me venir voir ; j'ai fait consulter pour elle le notaire De Vime [le Roi] ; il faut que je lui fasse arranger un appartement et, par sa dernière lettre, elle me dit de ne point faire de démarche jusqu'au mois de 9bre dans sa famille. Il n'est plus temps ; elles sont faites, et j'en attends la réponse ces jours-ci. Mais je commence à croire que, malgré tout ce qu'elle dit, elle n'a nulle envie de venir... Je lui ai mandé très positivement, comme c'est la pure vérité, que je ne lui donnais aucun conseil de venir, ou de ne pas venir, parce que, ne pouvant lire dans l'avenir, j'ignore si elle s'en trouverait bien ou mal. J'ai fait ce que j'ai pu pour me conformer à ses désirs, qu'elle m'a marqués dans toutes ses lettres ; ensuite, c'est à elle à faire ce qui lui plaira davantage. La grande difficulté sera d'arranger mon beau-frère [Choiseul] avec De Vime. Nous aurons recours à vous pour cela ; c'est-à-dire de tâcher d'être bien avec tous deux, c'est la pierre philosophale, mais nous ne pouvons rien sans la réponse. Je vous ai déjà mandé la première ; il faut attendre la seconde, qui ne peut pas tarder...

———

Paris, 18 septembre.

Mon cher ami, sur votre lettre du 11, je serais partie sur le champ, si je n'avais pas entrepris la grande affaire dont je vous ai parlé et dont je veux avoir raison. Je n'en désespère pas du tout, mais il faut mettre du temps et de la suite aux choses pour en venir à bout. J'espère que cela sera décidé avant Fontainebleau. Si elle manque, je prends mes jambes à mon col, et je vole à Ferney ; mais, qu'elle manque ou qu'elle réussisse, quand je vous aurai dit ce qui se sera passé, votre amour-propre doit être très satisfait. Il n'y a pas jusqu'à votre notaire [le Roi] qui ne dise des choses honnêtes et flatteuses ; ainsi ne mettons d'honneur à rien (ceux qui en prennent en sont toujours la dupe), et tirons des hommes ce que nous pourrons. M. de Beaumont part pour Lyon après-demain ; il vous donnera une grande lettre. Quelque chose qui arrive, j'aurai le bonheur de vous embrasser dans le mois d'octobre. Il ne faut pas que nous voyagions plus tard, ni l'un, ni l'autre ; ce n'est pas dans les chemins que je crains le froid ; c'est dans les auberges. Nous sommes vieux, cher ami ; mais votre corps ne l'est pas tant que vous croyez, et votre esprit a encore toutes les grâces et la vigueur de la jeunesse. Savez-vous que vous n'avez pas 75 ans ? Vous ne les aurez que dans le mois de novembre. Que veniez-vous donc toujours nous chanter que vous aviez trois ans de plus ! Tout le monde a votre extrait baptistaire ; il n'y a que vous qui ne sachiez pas votre âge. Adieu, j'ai six lettres à écrire pour vous ; je suis bien contente de M. de Saint-Lambert et de tant d'autres, que je vous nommerai ; ils me servent à merveille. Le prince de Beauvau me charge de vous faire mille tendres compliments ; c'est encore un de mes nègres ; vous voyez que je ne les choisis pas mal...

———

Paris, 7 octobre.

Mon cher ami, M. de Saint-Lambert sort d'ici dans l'instant ; notre affaire va à merveille. Mme Du Barry a parlé de vous plusieurs fois au Roi, sans demander précisément votre retour ; il lui a toujours dit des choses agréables de vous. M. de la Sourdière[1] n'a pas voulu qu'elle dît les gros mots qu'il ne soit arrivé à Fontainebleau. Je crois que c'est qu'il veut en avoir la gloire toute entière. Je crois aussi qu'il veut y être, afin que, si le Roi faisait quelque objection, il pût les lever. Enfin, dans la dernière conversation que j'ai eue avec le maréchal, il m'a dit : « *Regardez la chose comme faite ; je la prends sur moi ; conduisez-vous en conséquence.*

———

1. C'est encore un nom supposé. Il désigne le maréchal de Richelieu, dont l'hôtel à Paris se trouvait rue de la Sourdière.

Vous aurez votre reponse quelques jours après mon arrivée à Fontainebleau ; mais gardez-vous bien de louer votre maison, et songez plutôt à lui préparer un appartement. » Mme Du Barry et le Maréchal se chargent de M. de Saint-Florentin. Ainsi, mon cher ami, je compte vous donner des nouvelles sûres avant huit jours, et je crois ne pas me flatter en espérant vous embrasser les derniers jours d'octobre, ou les premiers jours de novembre. Mme la Maréchale de Mirepoix m'a fait dire des choses fort honnêtes pour vous par M. de Saint-Lambert, qui est fort de ses amis... Je vous prie, mon cher ami, de faire tout doucement vos préparatifs pour partir. Si malheureusement la réponse n'était pas telle que nous avons lieu de l'espérer, je partirais sur le champ pour vous aller joindre...

Paris, 15 octobre 1769.

Mon cher ami, notre grande affaire est si longue, et vous me paraissez vous soucier si peu de sa réussite, que je prends le parti de la planter là. J'ai reçu une lettre de M. de la Sourdière qui me mande qu'il ne peut me donner de réponse de sitôt. Cela me détermine à partir. Je compte me mettre en route le 23 de ce mois, avec M. François Tronchin, qui est ici chez son frère et qui retourne aux Délices. Je ne sais si vous me reverrez avec plaisir ; pour moi, je n'aspire qu'au moment de vous embrasser...

(Collection Alfred Morrison.)

L'ARCHITECTE PEYRE A M. DE MARIGNY

Monsieur,

J'ai eu l'honneur de passer chez vous pour avoir celui de vous rendre compte de ce qui s'est passé au sujet de la nouvelle salle de Comédie [1] ; mais vous étiez parti. Mme la Comtesse Du Barry, à qui plusieurs personnes ont fait des représentations sur le choix que l'on avait fait du s^r Giraud pour la rebâtir, a exigé des Gentils-hommes de la Chambre de faire une assemblée chez elle, où les Comédiens se sont trouvés, pour voir les projets que nous avions faits sur cet emplacement. L'on m'a fait avertir de m'y trouver. Il y avait M. le duc de Duras et M. de la Ferté, huit Comédiens et moi.

Mme Du Barry m'a dit qu'il y avait 200 000 livres données par la Ville et 300 000 livres par le Contrôleur général, ce qui fait 500 000 livres, sur lesquelles il y a pour 160 et quelques mille livres d'acquisition ; reste donc environ 330 000 livres pour la construction.

Les Comédiens ont contredit toutes nos idées, et il était question que nous refassions nos projets suivant leur fantaisie, d'après lesquelles nous n'aurions pu faire qu'une très mauvaise chose. Mme Du Barry s'est aperçue de toutes les entraves que l'on nous mettait, et m'a conseillé d'abandonner une chose qui ne nous aurait

1. Il s'agit de la salle que Peyre et de Wailly, architectes du Roi, érigèrent sur les terrains de l'ancien hôtel de Condé, sur l'emplacement de l'Odéon actuel, et qui devait être inaugurée seulement en 1782.

La Comédie-Française avait quitté la salle de la rue des Fossés, qui tombait en ruines, et venait de s'installer provisoirement dans un local qu'abandonnait l'Opéra, aux Tuileries. Elle avait donné sa première représentation dans ce local, où elle devait rester douze ans.

jamais fait d'honneur. Elle avait raison ; je n'ai pas eu
de peine à être de son avis, ce qui a fait grand plaisir à
M. de Duras. Mme Du Barry m'a dit les choses les plus
honnêtes, ainsi que M. de Duras ; j'ignore si elles sont
bien sincères.

Indépendamment de ce que nous aurions été fort
gênés pour l'arrangement de la salle, nous n'aurions pas
eu les mêmes ressources que le sieur Giraud pour les
fonds, d'autant que les Menus pourront le dédommager
d'ailleurs, s'il est la dupe de l'engagement qu'il fait. Il
s'est engagé, de plus, à les faire jouer de Pâques en un
an sur la nouvelle salle.

J'aurais cru, Monsieur, manquer à ce que je vous dois
si je ne vous instruisais pas de tout ce qui se passe à ce
sujet. Je suis avec un profond respect, Monsieur,

Votre très humble et très obéissant serviteur

PEYRE.

23 décembre 1771.

(Archives nationales, O¹ 1799.)

M. RIVIÈRE, AGENT DU PRINCE XAVIER DE SAXE AU
COMTE DE SACKEN, ENVOYÉ DE SAXE

Compiègne, le 2 août 1772.

...Madame la Comtesse Du Barry fit dimanche dernier sa cour à la jeune famille royale et fut accompagnée
dans ces visites par Mme la D^sse d'Aiguillon. J'ai su de
témoins oculaires que Mme la Dauphine, après s'être
longtemps entretenue avec la duchesse, s'approcha de
Mme la C^sse Du Barry et causa avec elle de l'air le plus
ouvert et le plus affable, qu'elle fut ensuite parler à
l'oreille de M^r le Dauphin ; après quoi ce prince s'avança
vers cette dame et lui fit différentes questions avec le
même ton d'intérêt et de bonté. Comme c'est la pre-

mière fois que cela est arrivé, ce changement a dû paraître étonnant à ceux qui n'ont pas eu les mêmes avis que moi sur les mouvements de M. le Comte de Mercy. De cette visite, M^de la C^sse Du Barry passa chez Madame de Provence où elle fut de même très bien reçue. J'ai appris avec certitude de quelques personnes attachées au service de l'intérieur de cette princesse que, dans la journée, Madame la Dauphine s'était en quelque sorte vantée de la visite de Madame Du Barry et de la manière dont elle l'avait traitée, ajoutant à Mme de Provence qu'elle sentait la faute qu'elle avait faite de ne pas suivre l'exemple de cette princesse, qui ne s'était jamais écartée du respect que l'on devait avoir pour la volonté du Roi, et qu'avec les intentions les plus pures à cet égard elle s'était laissée égarer par de mauvais conseils, mais qu'elle se conduirait plus convenablement à l'avenir.

En se rappelant que Mad^e la Dauphine, à son arrivée en France, s'est jetée dans la ligue de Mesdames ses tantes et qu'elle a persisté jusqu'à ce moment à fortifier leur parti contre Mad^e la C^sse Du Barry, il est naturel de présumer que ce changement si subit est en grande partie l'ouvrage de M. de Mercy et que ce n'est que la suite du besoin que la cour de Vienne présume pouvoir avoir de celle de France. Je me réfère à cet égard à ce que j'en ai marqué à Votre Excellence. Une autre réflexion qui en dérive naturellement, c'est la certitude que prouve cette démarche de la prépondérance du crédit de Mad^e la C^sse Du Barry, puisque Mad^e la Dauphine a senti la nécessité de se détacher de ses tantes, de travailler à vaincre la répugnance de M^r le Dauphin pour elle et enfin de lui accorder le grain d'encens qu'elle lui avait toujours refusé.

(Affaires étrangères. Saxe, Supplément, vol. III, pièce 186.)

M. YON A MADAME DU BARRY

Madame,

Je suis désolé d'être encore obligé de vous importuner sur les approbations que j'attends de mes deux dernières demandes ; ma santé, qui est extraordinairement dérangée depuis mon retour à Compiègne, ne me permettra pas de les aller solliciter à Fontainebleau. J'ose vous supplier très humblement, Madame, d'en presser la décision avant le départ et d'inspirer de la pitié du zèle impatient d'un vieux tuteur qui ne respire que le bonheur de sa pupille, laquelle de son côté ne doit pas être exempte d'inquiétude, d'autant plus, Madame, j'ose vous le dire, qu'on ne sait que penser d'une si longue suspension [1].

Je ne présume pas que Sa Majesté soit arrêtée par les articles qui sont dans la forme la plus avantageuse à Mademoiselle de Saint-André ; et quant aux lettres patentes, Madame, que le Roi n'est point dans l'intention de refuser, je n'imagine pas qu'elles puissent tirer à aucune conséquence dans la forme que je les ai proposées. M. le Contrôleur général et M. Bertin, à qui j'ai eu occasion d'en parler, ne les désapprouvent pas. Tout le monde assure, Madame, que les honneurs sont au moment d'être déclarés ; j'ose toujours réclamer les bontés du Roi et votre protection en faveur de M. et Madame de Riccé. Je suis avec un profond respect, Madame,

Votre très humble et très obéissant serviteur

Yon.

A Paris, le 3 octobre 1773.

(Bibliothèque de la ville de Versailles, ms. 238.)

1. Il s'agit du mariage de Mlle de Saint-André, fille de Louis XV, avec le marquis de la Tour du Pin. V. plus haut, p. 100.

CLAUDE SAINT-ANDRÉ.   15

JEAN DU BARRY, LE ROUÉ, A MADAME BARRY

A Madame, Madame la comtesse Dubarry au château de Luciennes.

M. Jamé ne m'a point laissé ignorer, ma chère sœur, que c'était au fond de votre cœur qu'il avait trouvé le meilleur avocat de ma cause. Plût au ciel que ce cœur n'eût jamais cédé aux impulsions de ceux qui avaient intérêt de le désunir du mien ! Combien de maux nous nous serions épargnés.

Il vous reste à votre âge une longue carrière à parcourir ; le déclin de la mienne peut encore y répandre des douceurs, en faisant usage de mon expérience et de la position où je touche à l'instant de me trouver. M. Jamé pourra vous instruire d'une partie de mes vues pour vous être utile à mon tour, et je serais ingrat pour la première fois de ma vie, si, vous devant la facilité de reparaître dans ma ville avec honneur, je ne sacrifiais à mon retour mon temps et mes soins à vous servir[1]. Cela peut être et le sera, ma chère sœur. Vous profiterez encore de quelques étincelles de mon génie. Elles ont souvent éclairé votre route, je vous le répète, elles l'éclaireront encore.

M. Jamé vous rend compte de l'impatience de ses camarades de voyage ; je dois ajouter que je meurs de douleurs et de honte envers lui, s'ils partent sans lui, et je le vois très décidé à me faire le sacrifice de ses intérêts les plus chers pour ne pas m'abandonner à moi-même. Vous et lui, ma chère sœur, êtes les seuls amis

---

1. Cette indication du prochain retour du Roué à Toulouse, où il se retira en 1775, fixe approximativement la date de cette lettre dans laquelle les indications de caractère et de situation sont assez curieuses.

que je connaisse. J'ai été repoussé avec des bras d'airain
des personnes que le sang et la reconnaissance devaient
me rendre inviolablement attachées. Vous aurez à vous
seule le mérite de m'avoir remonté au haut de la roue.
Je ne taxe point l'étendue du service que vous avez
promis de me rendre. Je recevrai avec reconnaissance
ce qui viendra de vous. C'est le premier service dans ce
genre que je vous ai demandé, et s'il existait en mon
pouvoir quelque effet commerçable, ou quelque mobilier vendable, soyez sûre que je ne vous aurais fait
demander, pensant comme je pense aujourd'hui, qu'un
retour à l'amitié qui doit unir des parents au degré où
nous sommes.

C'est la larme à l'œil, je le répète, que je vous vois
forcée à vous défaire de quelque capital pour m'aider à
sortir de l'abîme où je suis, car je suis très convaincu
que vous êtes aussi dépourvue d'argent que moi-même.
Mais je n'ai rien qu'un viager hypothéqué, et si je
meurs sans avoir compensé par quelque service celui
que vous me rendez, vous et moi savons que c'est à
pure perte.

Je n'insiste point à paraître à Luciennes par rapport à
vos raisons particulières. Je n'en vois point néanmoins,
si vous nous assigniez un rendez-vous à Paris, chez
M. Dutuet ou ailleurs. Peut-être qu'une heure de conversation serait instructive et profitable. Si cela ne se peut,
l'ami Jamé tâchera d'y suppléer.

Quel le ciel vous conserve, ma chère sœur ! On m'a dit
qu'il prenait soin de votre fraîcheur et de vos formes :
je l'en remercie.

(Communication de M. Fernand Caussy.)

MADAME DU BARRY A M. D'ANGIVILLER

A Monsieur, Monsieur le comte d'Angiviller, à la Cour.

J'aurais désiré, Monsieur le Comte, avoir le plaisir de vous voir pour vous parler de nombre de petites contrariétés que j'éprouve dans le projet que j'ai formé de faire quelque embellissement dans mes jardins bas. Il était même nécessaire que vous vissiez le local, pour être autorisée à faire les changements qui sont indispensables pour les rendre moins uniformes [1]. D'ailleurs, il s'élève aussi d'autres difficultés pour le terrain que j'avais toujours cru à moi. J'aurais besoin de quelque éclaircissement sur une somme que j'ai remis à M. de Marigni, dans le temps que le feu Roi m'a donné la jouissance de Louveciennes, pour être employée à l'acquisition de ces mêmes terrains qui se trouvent appartenir au Roi par la note que l'on m'a remis de votre part.

Je vois, Monsieur le Comte, combien votre temps est précieux ; d'ailleurs, la crainte de vous paraître importune me détermine à vous envoyer Mr de Boisséson qui vous expliquera plus en détail ce que je désire et attends de votre honnêteté. Recevez, Monsieur le Comte, mes excuses avec l'assurance des sentiments que je vous ai voués.

De Louveciennes, 19 octobre [1781].

---

1. La date suffirait à indiquer qu'il s'agit d'un arrangement de jardin *à l'anglaise.*

MADAME D'ANGIVILLER A MADAME DU BARRY

Madame la Comtesse, le plaisir de vous obliger a dû vous répondre de mon zèle. Croyez qu'il n'a pas besoin d'être animé par les choses aimables et flatteuses dont vous me comblez. Je voudrais y répondre par le succès entier de vos demandes. Vous trouverez, je l'espère, que cette note de mon époux vous l'annonce et que vous aurez pleine satisfaction avant peu. Nous allons presser tous vos arrangements. Je m'intéresse vivement à ce que les inconvénients de votre habitation disparaissent le plus promptement possible. Un logement sain est nécessaire avant tout, et j'admire votre douce patience de solliciter comme une grâce ce qui me semble être de la plus urgente nécessité. Il est bien juste que vous éprouviez au moins repos et contentement du ménage qui sent le mieux combien vous méritez d'être prévenue sur tout ce que vous désirez. Nous sommes remplis de ces dispositions ; j'ai impatience d'être en état d'aller vous en assurer et vous offrir mille et mille hommages, Madame la Comtesse.

Mardi, 5 juillet 1785 [1].

(Archives nationales, W¹ 16.)

M. DE CALONNE A MADAME DU BARRY

A Versailles, le 23 janvier 1786.

Je suis bien sensible, Madame la Comtesse, à toutes vos attentions et plus encore aux expressions qui les accompagnent. Je voudrais fort qu'il dépendît de moi de

1. Cette lettre fait partie du dossier de Mme Du Barry au Tribunal révovolutionnaire. Greive y a écrit : « Lettre de la femme d'Angiviller. L'on y voit l'empressement avec lequel ces vils courtisans faisaient travailler pour la Du Barry. »

vous procurer le succès de vos demandes. Mais je ne puis vous dissimuler que le moment n'est pas favorable. C'est une phrase dont vous savez qu'on se sert souvent dans ce pays-ci ; elle est d'une grande vérité présentement. Au surplus, je serai encore à vos ordres quand vous voudrez avoir l'entretien que vous me demandez. Il y a eu hier conseil, il y en a encore un aujourd'hui. Je retourne à Paris ce soir, je ne viendrai à Versailles mercredi que pour le temps du conseil. J'y serai plus longtemps samedi et, comme il n'y aura pas de conseil ce jour-là, si vous voulez vous y trouver vers 8 heures du soir, je serai très flatté de pouvoir vous réitérer l'hommage de mon regret et de mon attachement.

DE CALONNE.

(Archives nationales, W[1] 16.)

L'ABBÉ DE LA ROCHE-FONTENILLES

A MADAME DU BARRY

Incertain, Madame la Comtesse, si je vous trouverai chez vous vendredi, j'ai l'honneur de vous prier de me faire dire si je puis y aller. L'abbé Billiardi, intime ami de M. de Choiseul, intime de M. et de Madame du Chastelet, me tourmente depuis longtemps pour vous le présenter. Si vous le trouvez bon, vous me ferez grand plaisir de m'indiquer le jour et l'heure qu'il vous conviendrait de le recevoir. C'est un homme aimable et d'une excellente société. Recevez avec bonté, Madame la Comtesse, les assurances de mon inviolable attachement.

Ce 28 janvier 1789[1].

(Archives nationales, W[1] 16.)

---

1. Note de Greive : « Cet abbé Billardy a été ensuite un de ses convives

LA PRINCESSE ALEXANDRE LUBOMIRSKA
A MADAME DU BARRY

Me voici arrivée à Bruxelles sans aucun accident fâcheux, en maudissant ma destinée qui m'a fait trouver la tranquillité rétablie, sans me donner un instant l'espoir de retourner sur mes pas. Mais je m'en venge aujourd'hui, en me créant un bonheur que je ne lui devrai pas : c'est celui de vous entretenir, Madame, sur mes sentiments et de vous dire combien je désire vous en convaincre. Adieu, Madame, aimez-moi un peu ; ce serait beaucoup plus que je ne mérite, mais beaucoup moins que je ne le désire. Recevez les hommages du Prince Alexandre et ceux d'Emma, et veuillez bien me rappeler au souvenir de votre aimable nièce. Je ne vous parle pas de Melle Du Barry ; je la crois partie, et ce ne serait que vous ramener à votre douleur. A propos, j'oublie de vous donner mon adresse ; je joins ici : écrivez-moi Poste Restante à Amsterdam. Adieu.

Ce 12 septembre, Bruxelles

(Archives nationales, W¹ 16.)

JEAN DU BARRY, LE ROUÉ, A MADAME DU BARRY

A Madame, Madame G. Du Barry, au Château de Lucienne.

De Levignac, ce 20 octobre 1790.

Loin de moi, ma chère sœur, tout reproche et toute répétition du passé. Vous savez si c'est en grande partie par mes soins que mon dernier voyage vous a valu plus

les plus constants depuis la Révolution, ainsi que l'abbé de Fontenilles, le vicaire d'Agen guillotiné l'autre jour à Paris. Billardy est mort ; c'étaient deux amis inséparables que ces deux abbés, et Billardy aussi contrerévolutionnaire que l'autre. Voilà les amis de la Du Barry ! »

de cinq cent mille francs ; vous vous rappelez vos promesses ; vous vous ressouvenez d'avoir revendiqué vingt
mille francs, que j'avais reçus comme un léger à-compte.
Est-il juste que vous jouissiez de tout et qu'il ne me
reste que le souvenir d'un voyage aussi ruineux pour
moi qu'avantageux pour vous ? Pouvez-vous oublier vos
promesses à M. Jamé, à Melle Lagorée, et en dernier
lieu à M. Delmas ? J'ai prié de vive voix, et je renouvelle par écrit mes prières à Monsieur Buffaut, que nous
devons regarder comme un ami commun, de remettre
sous vos yeux mes justes réclamations. Quelque désordre
qu'il se soit glissé dans vos affaires, celui que vous avez
commencé par mettre dans les miennes, en me forçant
à emprunter à tout prix les vingt mille francs que sous
le règne ministériel le Roi seul fit rembourser, le premier désordre, dis-je, a depuis quatre ans été toujours
en augmentant, et me réduit aujourd'hui à voir journellement mon corps et mon mobilier exposés aux
saisies, et à des frais énormes. L'année que je reçois de
mon revenu suffit à peine pour rembourser une partie
des avances que Mr Boggiano m'a faites pour vivre et à
éteindre ici une partie des dettes les plus pressantes.

C'est dans cette agonie que je vous renouvelle mes
plus tendres instances. M. Buffaut, qui a l'âme honnête,
et à qui je rendis un compte fidèle de la vérité, me promit de vous faciliter les moyens qui seraient en son
pouvoir pour concourir à rendre mon état supportable.
J'invoque la parole de ce galant homme ; mais à quoi
me servirait-elle, si votre cœur restait muet ? C'est donc
à lui que je m'adresse, et la réponse de M. Buffaut
m'apprendra s'il parle encore pour moi... [1].

(Archives nationales, W¹ 16.)

---

1. C'est la dernière lettre du Roué à Mme Du Barry. Il fut guillotiné à
Toulouse sous la Terreur.

LETTRE DE CRÉDIT DES BANQUIERS VANDENYVER

Paris, le 2 avril 1791.

MM. P. Simond et J. Hankey, à Londres.

Messieurs,

La présente vous sera remise par Madame la Comtesse Du Barry, qui va partir pour votre ville pour suivre une affaire dont la notoriété publique vous a sans doute instruits. Nous vous prions très instamment, Messieurs, de lui rendre tous les services et bons offices qui dépendront de vous ; nous les regarderons comme reçus par nous-mêmes et vous en aurons la plus grande obligation.

Nous vous prions aussi de fournir à Madame la Comtesse tout l'argent qu'elle pourra vous demander sur ses reconnaissances, pour notre compte, et de vous en prévaloir sur nous par appoint.

Nous avons l'honneur d'être avec considération
Vos très humbles serviteurs

VANDENYVER FRÈRES ET Cie.

(Archives nationales, W¹ 16.)

MADAME DU BARRY A MRS STURT

J'étais bien persuadée, Madame, que Mme de Vougny accueillerait favorablement ma recommandation et qu'elle y mettrait le même intérêt que je mettrai toujours moi-même à tout ce qui pourra vous être utile ou agréable. Mais permettez-moi de vous dire, Madame, que vous attachez un bien trop grand prix à un léger service, qui ne vaut pas à beaucoup près tout ce que vous me dites d'honnête et de charmant, et que vous savez si bien et si agréablement m'exprimer dans une langue qu'on croirait être la vôtre.

Oui, Madame (et j'ai autant de plaisir à le penser que j'en éprouve à vous le dire), si les circonstances exigeaient que je dusse recourir à quelque personne qui pût m'être utile, pour quoi que ce pût être, dans le pays que vous habitez, mon cœur m'assure, par une infinité de sentiments beaucoup trop agréables pour être bien rendus, qu'il vous donnerait la préférence, — ne faisant même en cela que céder à la douce habitude de ceux que vous avez si bien su lui inspirer.

Je vois arriver avec joie le moment de mon retour en Angleterre. L'amitié que vous m'avez témoignée et les honnêtetés que j'ai reçues de vous vous assurent à jamais des droits sur mes sentiments. Et quoique l'espèce d'affaires qui m'y ramène n'ait rien de bien amusant, je trouverai néanmoins une satisfaction bien délicieuse à vous renouveler de vive voix les assurances des sentiments bien tendres que je vous ai voués et avec lesquels j'ai l'honneur d'être

Votre affectionnée servante.

Si vous voulez me donner vos commissions et que vous désiriez quelque chose de ce pays-ci, je serai charmée de m'en acquitter. Dites, je vous prie, à vos aimables filles que je n'oublierai jamais l'intérêt qu'elles ont pris à mon sort et la sensibilité qu'elles m'ont témoignée au récit de mes malheurs [1].

(Archives nationales, W[1] 16.)

---

1. Minute autographe trouvée dans les papiers de Louveciennes ; il y a cette note de Greive : « Cette lettre prouve les liaisons avec la De Vougny et autres émigrées en Angleterre. »

LA MARQUISE DE MORTEMART A MADAME DU BARRY

A la Mailleraye, ce 9 avril 1793.

Je suis très reconnaissante, Madame, de la bonté que vous avez eue d'envoyer mon petit billet à mon amie [1]. Elle aura vu par là l'inquiétude que j'avais de son sort et l'impatience que j'avais d'avoir de ses nouvelles. En effet, elle m'a écrit le 26 mars ; j'ai eu sa lettre assez exactement, et je lui ai répondu tout de suite. Je partage bien sincèrement toutes les peines qu'elle a éprouvées et toutes les contrariétés et chagrins qu'elle essuie encore à présent ; malheureusement je ne puis aller la voir [2] ; mais je me flatte qu'*à présent* notre séparation ne sera pas bien longue, et que nous pourrons enfin nous réunir, ce que je désire bien sincèrement, lui étant tendrement attachée.

Elle m'a parlé avec bien de la sensibilité, Madame, de tous les soins et attachements que vous lui avez témoignés depuis le mois de X[bre] dernier [3]. Aussi je regrette fort que vos affaires vous aient forcée à la quitter, car c'était sûrement une grande consolation pour elle que d'être avec vous. Je suis bien affligée de ne pouvoir aller la joindre ; mais vous savez qu'à présent c'est impossible pour plusieurs raisons ; d'ailleurs, il est plus sage de rester seule et tranquille dans le lieu de sa retraite.

J'avais chargé mon amie de vous faire agréer, Madame,

1. La mystérieuse amie dont parle cette lettre est la duchesse de Mortemart, fille du duc de Brissac. La marquise était sa belle-sœur. Le Roi et la famille royale avaient signé, le 6 avril 1779, le contrat de mariage du marquis de Mortemart et de Mlle de Nagu.

2. La marquise de Mortemart paraît connaître la présence en France de sa belle-sœur, puisqu'elle parle d'aller « la voir ». Nous avons là une confirmation indirecte du séjour de la duchesse à Calais, d'où a pu être écrite sa lettre du 26 mars, postérieure au passage de Mme Du Barry.

3. Pendant le séjour à Londres.

tous mes remerciements de la bonté que vous aviez
eue de me faire parvenir à Paris, par une occasion
sûre, une lettre qui vous avait été adressée et qu'en
effet j'ai été très aise de recevoir, mais point par la poste.
J'espère qu'elle se sera acquittée de ma commission ; je
n'avais pas voulu vous écrire pour vous marquer ma
reconnaissance, ayant compté sur mon amie pour vous
en faire parvenir les expressions. Je n'ai reçu qu'hier
votre lettre du 3 avril ; sans cela, je me serais empressée, Madame, à vous en remercier et à vous renouveler... [1]

(Archives nationales, W¹ 16.)

Le banquier Thellusson à Madame Du Barry.

Madame,

J'ai attendu avec la plus vive impatience l'honneur
d'une lettre de votre part pour m'aviser de votre heureuse arrivée à Paris. Voici près de trois mois que vous
nous avez quittés, et je n'ai pu trouver personne qui
puisse me donner de vos nouvelles. J'en recevrai avec
le plus grand plaisir. Dans tous les pays les procès
coûtent ; mais dans celui-ci, ils sont ruineuses (*sic*) ; il
n'y a pas de jour que votre procureur ne me presse
pour de l'argent. Les mandats que vous avez donnés sur
moi à votre départ sont tous payés. Ainsi, je vous prie
de me faire passer des fonds le plus tôt possible. Vous
pourrez adresser la lettre que vous me ferez l'honneur
de m'écrire sous le couvert de Messʳˢ Zeerleder & Cᵒ,
à Berne, ou bien sous celui de Monsʳ Calandrini,

---

1. Le second feuillet manque (Cette lettre a été vue et négligée par les
Goncourt, p. 277, qui l'ont crue de Mᵐᵉ Du Barry).

à Genève. Ces Messieurs auront soin de me l'acheminer.

Si vous ou aucune de vos belles compagnons (*sic*) [1] (auxquelles je vous prie de présenter mes respects) m'a écrit, je crains que la lettre ne soit perdue. Si elle renfermait quelque lettre de change, il faudra en demander une seconde ou le duplicata à la personne qui vous l'aura procurée. Vous voudrez bien me l'envoyer par la voie que je vous indique. Je vous serais aussi infiniment obligé de dire à la dame hollandaise qu'une dame de Bruxelles a tiré sur moi une lettre de change de £ 100. Mais je ne puis le payer sans ses ordres, que j'attends à cet effet.

Avec le plus profond respect, j'ai l'honneur d'être, Madame,

Votre très humble et très obéissant serviteur,

P. J. THELLUSSON [2].

Londres, le 31 mai 1793.

(Archives nationales, W¹ 16.)

LE CITOYEN BLACHE AU CITOYEN SAUVAT

Au citoyen Sauvat, membre de l'administration du Dép de Seine-et-Oise. Au Département, à Versailles.*

Louveciennes, le 29 juin 1793,
an II de la République.

Citoyen,

Aujourd'hui le citoyen La Vallerie doit faire le rapport du mémoire que j'ai laissé sur votre bureau, je

---

1. Greive : « Les belles compagnes en question sont apparemment la Mortemart et autres femmes émigrées. »

2. Greive : « C'est un des plus forts banquiers de Londres, neveu de Thellusson ancien associé de Necker, et grand ennemi de la Révolution. »

suis on ne peut plus mortifié de ne pouvoir me rendre à Versailles ; mais la cause est légitime, je suis forcé de garder ma chambre, ayant une fluxion à la tête. J'espère demain matin me rendre auprès du Département ; eussé-je dû en crever, je m'y serais rendu, si vous aviez mandé, ainsi qu'il avait [été] arrêté, les citoyens Fournier, juge de paix, et Salanave. Oui, je vous le jure derechef, le citoyen Fournier m'a dit jeudi au soir, présence de Salanave, que Morin, valet de chambre de la Dubarry, lui avait apporté un certificat de résidence écrit à la main et apostillé en marge avec de l'encre rouge, que Morin lui avait dit que le Département voulait que le certificat fût fait ainsi. Fournier lui dit : « Mais n'avez-vous point peur que ce certificat n'ait le sort des quatre que vous avez déjà obtenus pour elle ? — Non, car le citoyen La Vallerie, qui est mon ami intime, m'a dit qu'il me fera passer tout ce que je voudrai au District et au Département. »

Eh ! quel privilège exclusif aurait donc la Dubarry, pour avoir un modèle de certificat ? Est-ce pour la mettre à lieu de mieux recevoir tous les brigands qu'elle reçoit chez elle ? Non que je croie que personne des membres du Département aient trempé dans ce qu'a dit Morin au juge de paix. Mais il est encore vrai que ce certificat est très pressé, puisque le juge de paix était, au moment de mon arrivée à Louveciennes, à dîner chez la Dubarry et à y faire signer le certificat par les témoins. Ne perdez point de vue ce que je vous dis : la maison de cette femme est le refuge ou le rendez-vous de tous les scélérats qui conspirent contre notre malheureuse patrie, et elle, ainsi que son Morin (qui disait, il y a quelque temps au nommé Marcel qu'il voudrait que Paris fût puni de ses crimes, et qu'il voudrait que de Paris il n'en restât pas vestige), seront les premiers punis des malveillants qui habitent ce canton.

Le lundi de la Pentecôte était chez elle à dîner le nommé Depon (*sic*) ex-constituant, partisan de l'infâme Burk (*sic*), anglais et membre du Parlement, ami de Cazalès, et c'était à Depon que Burk avait dédié son ouvrage dirigé contre la Révolution de France. Qui mieux que moi, qui mieux que Grième (*sic*), anglais, demeurant à Louveciennes, qui mieux que tous les Français qui sont à Paris, forcés comme moi de sortir d'Angleterre pour cause de leur patriotisme, ont connu la vie de la Dubarry à Londres? Non, braves citoyens, je ne crois pas que des membres constitués voulussent donner à un (*sic*) idole de l'espèce de la Dubarry des moyens de tromper une patrie trop généreuse à son égard.

Quand la patrie a été déclarée en danger, j'ai juré avec la Montagne, j'ai juré avec les Jacobins, mes confrères, devant le trône sacré de la Liberté et de l'Égalité, de poursuivre au péril de ma vie tous les malveillants, et je le répète encore ce serment, du plus profond de mon cœur.

Mandez à votre comité secret Ledoux, maire de Louveciennes, et Ollivont, officier de la même commune ; ils vous diront ce qu'ils ont entendu chez la Dubarry, lors de la remise d'une lettre qui leur fut faite par Charles Rohan. Transportez-vous chez elle, et vous jugerez la maison : les emblèmes de la Royauté partout arrachés, partout détruits ; tous ces objets y sont précieusement conservés.

Je suis, avec toute la sincérité et l'absolu désir de terminer mes jours pour le service de ma patrie,

Votre concitoyen,

BLACHE.

(Archives de Seine-de-Oise, série Q, papiers Du Barry.)

LE CITOYEN SALAVANE A MADAME DU BARRY

A Madame, Madame Du Barry, en sa maison à Lus-
sienne.

Madame [1],

La dure nécessité de chercher une place est cause des
absences que j'ai faites...

Quant à ce que Goui a dit un jour, pendant que vous
étiez à dîner et que Melle Graillé voulait le renvoyer,
quand il dit, — pour moi — : que vous ne disiez rien
qui ne se sache ; demandez-lui qui a rendu compte des
trois logements que vous avez occupés à Paris, au mois
de 7bre dernier. Tout le village le savait, et je l'ignorais.
Demandez aux gens qui le savaient, si ce sont eux qui
ont dit que vous aviez été chez M. de Nivernois, et en
cachette encore ; demandez, mais la quirielle serait
beaucoup trop longue...

SALANAVE.

(Archives nationales, W¹ 16.)

LE CITOYEN GREIVE AU JUGE DE PAIX DE MARLY

Au citoyen Houdon, juge de paix du canton de
Marly.

Louveciennes, primidi 11 frimaire, l'an 2ᵉ de la
République française une et indivisible.

Citoyen,

Je t'apprends en qualité de juge de paix, et avec
plaisir comme citoyen, que je viens de faire une décou-

---

1. Greive : « Autre lettre du patriote Salanave, qui parle de trois
logements qu'elle a à Paris. Salanave est un excellent citoyen, qu'elle a
chassé de sa maison avec deux autres, les seuls patriotes qui étaient à son
service, dont deux pères de famille. Salanave est actuellement secrétaire
du Comité de Salut public, à Versailles. »

verte importante d'effets précieux cachés dans un tas de fumier chez la Dubarry. Des circonstances impérieuses m'ont empêché de t'en avertir sur le champ ; en attendant, tout a été fait avec la plus scrupuleuse exactitude, et tu trouveras tout en règle bien et dûment inventorié.

J'ai écrit au Comité de sûreté générale de la Convention, qui m'a accordé sa confiance et qui me soutiendra, en dépit des gens à double visage qui, comme tu le sais, se sont avisés de critiquer des opérations qu'ils ignorent et auxquelles ils étaient indignes de prendre part. J'ai su déjà mépriser les calomnies et braver leurs poignards, et je m'en fous.

Si tu es un brave homme, je t'estimerai ; si tu es un cabaleur, un instrument de parti, un lâche ou un hypocrite, tu feras mal tes affaires avec moi. Voilà comment les républicains se parlent.

J'attends un commissaire du comité de Versailles demain matin ; aussitôt son arrivée, je t'en avertirai, car j'agis toujours de concert avec les excellents patriotes de ce comité. Salut et fraternité.

GREIVE [1].

(Archives de Seine-et-Oise, série Q, papiers Du Barry.)

1. C'est ce même Houdon qui dénonça Greive après Thermidor et provoqua son arrestation. Mis en liberté, Greive abandonna la politique pour la littérature et mourut à Bruxelles, en février 1809.

FIN

CLAUDE SAINT-ANDRÉ. 16

SOURCES

———

Affaires étr., *Saxe*, supplément.

Archives nat., K 138, O¹823, O¹1799, O¹3256, O¹3258, W¹16 ; procès-verbal de la séance du 16 frimaire, W¹300,

Archives de S-et-O., papiers Du Barry, série Q.

Bibliothèque nat., manuscrits fr., 8157, 8158, 8159 ; nouvelles acq. fr., 2765.

Bibliothèque de la ville de Versailles, manuscrits : 237, 238, 239, 388, 389, 394, 408, 490, 491.

Journal anglais inédit de Parker Forth.

Lettres inédites de Calonne à Mᵐᵉ Du Barry.

Lettres inédites de Mᵐᵉ Denis à Voltaire. Collection MORISSON.

Lettre inédite de Jean Du Barry à Mᵐᵉ Du Barry, communiquée par F. CAUSSY.

Papiers de la famille Angliviel, communiqués par A. TAPHANEL.

Anecdotes sur Mᵐᵉ la comtesse Du Barry, par PIDANSAT DE MAYROBERT.

Correspondance secrète de l'impératrice Marie-Thérèse avec Marie-Antoinette et Mercy-Argenteau, recueil ARNETH-GEFFROY.

Correspondance secrète de Mercy-Argenteau avec l'empereur Joseph II et le prince de Kaunitz, publiée par ARNETH et FLAMMERMONT.

Correpondance secrète de Louis XV, publiée par BOUTARIC.

Correspondance des agents diplomatiques étrangers

en France avant la Révolution, publiée par Flammermont.

Correspondance de Marigny, publiée par Furcy-Ray-
naud.

Correspondance de la marquise Du Deffand.

Correspondance de Voltaire.

Curiosités historiques, par Le Roy.

Gazette de France.

Gazette de Leyde.

Gouthière, par J. Robiquet.

Gustave III et la Cour de France, par Geffroy.

Histoire de Mme Du Barry, par Vatel.

Histoire des Parlements, par H. Carré.

Journal du duc Croÿ, publié par le vicomte de Grou-
chy et P. Cottin.

Journal de Louis XVI.

Journal de l'abbé de Véri, publié par le baron de
Witte.

Journal des inspecteurs de M. de Sartines.

Journal de Papillon de la Ferté.

Le chevalier Maupeou et les Parlements, par Flammermont.

La Démagogie en 1793, par Dauban.

Les illustres victimes vengées, par Monsigny.

Le mobilier au XVIIe et au XVIIIe siècle, par
E. Molinier.

Le secret du Roi, par le duc de Broglie.

Louis XV, par Claude Saint-André.

Marie-Antoinette, Dauphine, par P. de Nolhac.

Mémoires de Mme Campan.

Mémoires du duc de Choiseul, publiés par F. Cal-
mette.

Mémoires de Durfort comte de Cheverny.

Mémoires du comte de Maurepas.

Mémoires de l'abbé Terray.

Mémoires pour le duc d'Aiguillon, par Me Linguet.

Mémoires du comte de Saint-Priest, publiés par le
baron de Barante.

Mémoires du prince de Talleyrand.

Mémoires secrets pour servir à l'histoire de la république des lettres.

Mercure de France.

Paris sous Louis XV, par Pilon.

Portraits et caractères, par Sénac de Meilhan.

Procès-verbaux de la commission des monuments ; (rapport de Boizot, 6 nivose, an III), publiés par Tuetey.

Remarques sur les anecdotes de Mme la comtesse Du Barry, par Sara Goudard.

Salons, de Diderot.

Souvenirs du comte d'Espinchal publiés par T. d'Hauterive.

Souvenirs d'un chevau-léger, par Belleval.

Souvenirs de Mme Vigée-Lebrun.

Souvenirs du marquis de Walfons.

Versailles au XVIIIe siècle, par P. de Nolhac.

TABLE DES GRAVURES

TABLE DES MATIÈRES

CHARTRES. — IMPRIMERIE DURAND, RUE FULBERT (3-1930).